U0723961

愿此生**你比我强大**

帮孩子平稳度过叛逆期

兰君 著

青岛出版社
QINGDAO PUBLISHING HOUSE

图书在版编目（CIP）数据

愿此生你比我强大 / 兰君著 . — 青岛 : 青岛出版社 , 2020.6

ISBN 978-7-5552-9176-3

Ⅰ . ①愿… Ⅱ . ①兰… Ⅲ . ①青春期 – 家庭教育 Ⅳ . ① G782

中国版本图书馆 CIP 数据核字 (2020) 第 070022 号

书　　名　愿此生你比我强大
著　　者　兰　君
出版发行　青岛出版社
社　　址　青岛市海尔路 182 号（266061）
本社网址　http ：//www.qdpub.com
邮购电话　13335059110　0532–68068026
策划编辑　刘海波　　田磊
责任编辑　张佳妮
装帧设计　光合时代
插图摄影　辛泽浩
照　　排　青岛乐喜力科技发展有限公司
印　　刷　青岛新华印刷有限公司
出版日期　2020年6月第1版　2020年7月第2次印刷
开　　本　32开（890mm × 1240mm）
印　　张　10
字　　数　210千
书　　号　ISBN 978-7-5552-9176-3
定　　价　46.00元

编校印装质量、盗版监督服务电话：4006532017　　0532–68068638

目/录

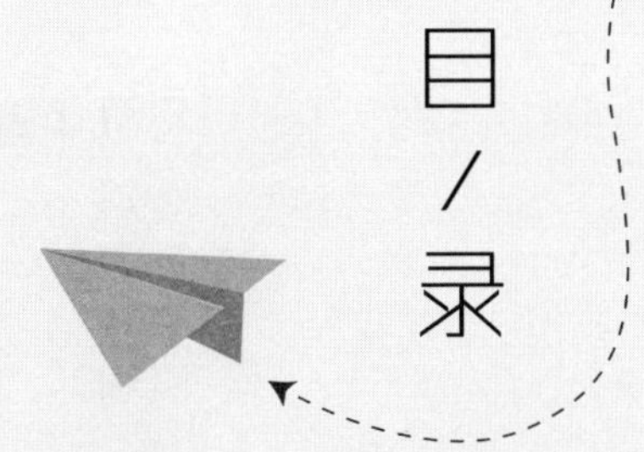

教育要男女有别

好的亲子关系胜过万千说教

中国式父母的焦虑

学习好其实并不难

如何帮助孩子规划假期

如何做好孩子的升学衔接

把成长的烦恼大声说出来

别跟青春期的孩子较劲

师生关系该如何保温

特殊家庭该如何教育孩子

教育要男女有别

愿此生你比我强大

《我家那闺女》引反思

我家那小子到底该怎么教育

小时候调皮、捣蛋，青春期叛逆、倔强，和家长对着干，想顺顺利利地把男孩培养成男子汉，真不是一件容易事！不少家长都有同款烦恼。若你不能使一个五岁的孩子把玩具从地上拾起来，你就不可能在孩子步入青春期——这个一生中反抗最激烈的时期——进行任何有成效的把控。这句话值得家长朋友深思。好多家长抱怨儿子越大越不听话，越大越管不了。其实这都是由于缺乏对男孩成长规律的了解以及之前没有进行有效管教而留下的“后遗症”。

男孩比女孩脆弱，但需要来点“硬”的！

我们发现，无论在学校里还是家庭中，男孩出问题的比例都远远高于女孩。许多男孩马虎、粗心，在学业上更多地表现出学习困难的情况。进入青春期，男孩的叛逆和心理问题也居多。其实养育孩子也要因性别而异，家长要读懂男孩的“成长密码”。

读懂男孩的这些肢体语言

男孩不乖，表达方式也不像女孩那么温婉。对别人不满或者自己的心情不好，他就摔门、砸东西、喊叫……对这样的表现，家长、老师往往十分恼火，冲突也会就此产生，并进一步使他们与孩子间产生隔阂。

其实大人没必要那么着急，这是男孩的特殊表达方式。由于体内睾丸素的作用，男孩比女孩更易愤怒，更需要发泄。侵略、冒险和竞争是男孩的天性，男孩是用身体来表达情感的。他不会像女孩一样，能用语言表达出“我生气了”“我很难过”等情绪，即使是表示爱，他可能也只是拉拉对方的衣角而已。有时男孩在高兴的时候也摔东西，这也是睾丸素的作用，是这个小男子汉成长中的正常行为。2—5 岁男孩会越来越多地显露自己的个性。这时，孩子容易发火，爸爸妈妈不要压制，否则可能会阻碍他的性格发展。

不过，家长应该告诉他什么是更好的表达方式，让他有能力、有责任也要让他有时间去调整自己。同时给他发泄的机会，允许他喊叫，甚至指定一样东西比如沙发或者沙袋等，让他捶打。

男孩的大脑发育比女孩慢半年

很多专家认为，男孩不适宜过早上学。因为男孩的大脑发育比女孩慢了六到十二个月，精细动作协调发展得尤其迟缓。在五六岁，也就是孩子即将入学的年龄，他们仍然处于粗略动作协调的发展阶段，他们的手臂、腿部和身体肌肉的神经还在发育，总会忍不住想要动一动身体，因此无法安静坐好。在粗略动作协调发展完成之后，他们才会开始学习精细动作协调技巧。女孩则相反，她们的大脑直接发展手指的精细动作，因此在弹簧床垫上蹦跳，伸展肢体，打篮球或者游泳方面更需要协助。

男孩的另一项发育迟缓的能力是运用词汇的能力，这导致他们无法准确地将自己的需求告诉老师，无法在课堂上准确回答问题。当然，每个孩子都是独立的，不应该仅凭年龄一概而论，家长们应该多想想，他们是否已经“准备好了”。男孩先天的智力发展较女孩慢，现今学校的运作模式容易对男孩造成伤害。作为父母，应该让孩子做好准备再入学，同时多鼓励男孩，不要让他觉得自己很差劲。

男孩比女孩脆弱，需要更直接的爱

出于爱护和安全考虑，很多妈妈不喜欢让别的小朋友到自己家里玩，也不愿意让孩子到外面去玩。事实上，男孩天生合群，他们在群体中更容易学会社交，学会爱，学会生活，学会责任感和道德观，并找到自己的归属。如果男孩没有学会处理团体中的关系，缺少团体意识，就会在将来发展人际关系时遇到障碍，和别人保持融洽的关系方面也会存在困难。家长应该鼓励孩子参与集体活动，让他们在集体中认清自己。家长也可以设计具有挑战性的任务，让他在感兴趣、有挑战的氛围中提高能力，掌握技巧和培养责任感。男孩教育需要“抱团”，要把男孩放在人堆里！

当然，说到底，对男孩最有效、最直观的管教方法，就是为孩子提供示范的榜样，尤其是父亲，要发挥榜样的力量。“有其父必有其子”这个道理流传了千百年，可还是有相当多的父亲没有认识到自己的范本作用。他们借口“忙”，经常从家里“蒸发”，虽然短时间里看不出有什么明显的影响，但留下的隐患到了孩子的青春期会集中爆发。

有些家长为了让儿子早日成为男子汉，从小就采取严厉苛刻的教育方式。心理专家指出，其实男孩比女孩更脆弱，他们需要更多的呵护。

好男孩不是“夸”出来的，需要来点“硬”的

最近20年的中国教育，赏识教育大行其道，成为主流教育观。众多追随者普遍信奉好孩子是“夸”出来的。与之相“匹配”的，现在的老师们也越来越达成了这样的“共识”，他们不敢多批评孩子，更不用说惩戒孩子了。

当然，用鼓励的方式培养孩子的自信固然是一种好的教育方式，但过度的赏识让孩子的成长经历过于“甜腻”，从而使

他们的性格缺少硬气和责任心。真正好的教育方式，手段从来不是单一的，是多种手段的协调和融合。我们在提倡表扬、奖励、赏识的同时，也不应该忽视惩罚在教育中的积极作用。

美国心理专家伊根说过这样一句话：在心理咨询中，缺乏支持的挑战会使人沮丧，缺乏挑战的支持会使人空虚。同理，在教育当中，缺乏爱和关怀的惩戒是一种摧残，缺乏惩戒的爱和关怀是一种放纵。只有在接纳、关爱、尊重的基础上对孩子进行合理惩戒，才能真正帮助孩子健康快乐地成长。

有专家这样说：母亲生育儿子，父亲造就儿子。研究也发现，在孩子步入成年的过程中，如果父亲和孩子在情感上有良性的互动，父亲对家庭教育的参与度比较高的话，孩子在学校的表现和未来的发展都会比较优异。

兰姐姐家庭教育21条

我们心里往往有这样的潜规则：你值得爱，我才爱你。而不是你需要爱，所以我爱你。无条件的爱才是父母给孩子的第一份大礼！

《我家那闺女》引反思：你家那闺女到底该怎么教育

火爆全网的亲情观察类综艺节目《我家那闺女》凭着高话题讨论度，攻占了热搜榜。光鲜亮丽的明星背后的寻常人的悲欢是《我家那闺女》最大的看点。看归看，从别人家闺女的养成实例反观、矫正自己对女儿的教育，这才应该是节目最大的用处。

吴昕的“眼神”，傅园慧的“摸摸”

《我家那闺女》展示了几位女明星的单身生活。女明星家中各个角落的摄影机，会真实地记录下她们每日的生活。播出的第一期节目展示了吴昕落寞的“眼神”和傅园慧的“摸摸”这样几个细节。

我们看到吴昕看中医，大把大把地吃保健品，卸完妆后拼图直到深夜，和朋友倾诉内心的担忧和对未来的不确定。虽然吴昕的综艺感和镜头感很强，但是她落寞、不自信的眼神还是深深刺伤了我的心。我们可以明显地感觉到她是一个不开心的女孩。

傅园慧的“摸摸”是另一种神奇的存在。看得出，洪荒少女傅园慧是被宠着长大的，23 岁的她还像一个小孩子一样单纯可爱。节目中我们看到傅园慧的身上有个红布带，她爸爸说：“我们管这个带子叫‘摸摸’，本来是个小毛巾，后来给换成个带子，给她挂在身上。傅园慧从小就喜欢这样摸着，这样会有安全感。”

无论是活得如吴昕一般的心力交瘁，还是如洪荒少女傅园慧一般的孩子气，其实都不应该是成年女孩儿的完美状态。家中的女儿到底该怎样养育才能在其成熟时展现完美状态呢？

女儿要富养的理念“教坏”了一批人

在每一位父亲的眼里，自己的女儿都是上天赐予他们的最完美的礼物。面对这样的“礼物”，宠爱她，怕把她惯坏；严格管教，又怕伤了她的心。到底该如何教育这掌上明珠是让很多爸爸困惑的问题。

都说女儿要富养，其实人们对这句话存在很大的误解。许多人将这句话理解为是对女儿物质上的有求必应和情感上的一味宠溺，而忽略了对其自理能力、自立精神和自尊自爱品质的培养。

在“育婴式”父爱中，傅爸爸扮演的是一个全能的角色，即使在节目中，他仍像照顾婴儿一般，事无巨细地照顾早已有“洪荒之力”的成年女儿。其实，父亲对女儿的宠爱应该是有边界感的，让她们学会欣赏他人却不依赖他人，收获独立且亲密的家庭关系。如果家长只是一味地溺爱孩子，很有可能造成将来孩子在社会上如“巨婴”般地存在，什么事情都要依靠父母而永远都学不会独立。

父女关系影响女儿一生

心理学家研究发现：女孩的生理规律和父女关系有关——父女关系好的，女儿进入青春期较晚；父女关系差的甚至缺失的，女儿进入青春期则较早，而且父女关系对女儿的影响在某些方面甚至超过母女关系。

男女之间的亲密关系是绝大多数女性离开父母后必需的。青春期是人生的第一道分水岭，进入青春期后，父女关系糟糕或父爱缺失的女孩想要早点离开父母去寻找另外一个男人。青春期提前的女孩会在生活中遇到很多麻烦。因为提早发育，她们和女伴之间的关系容易疏远；而同龄的男孩子懵懵懂懂，无法理解这时她们的想法和行为。如果加之和父母的关系不睦，那么，有些女孩便很有可能被大龄的男性吸引而造成“跌宕”的人生。

这些教育关键点，你应该抓住！

心理学上认为3—12岁是孩子情商教育的关键时期，在这个阶段，家长千万要注意孩子身上发出的几个信号。

在心理学上 3—6 岁这个阶段通常被称为“潮湿的水泥”期，这是孩子性格塑造最重要的阶段，孩子 80%—90% 的性格、理想和生活方式都是在这段时间形成的。每个父母都希望自己的孩子成为快乐、自信、受欢迎的人。这就需要家长在这个时期对孩子给予更多的关爱。

7—12 岁这一阶段被称为“正凝固的水泥期”。这时，孩子 85%—90% 的性格都已经形成了。在这段时间里，孩子急于尝试独立，试图从思想上逐渐挣脱父母的束缚，也更容易受到同伴的影响。因此，需要父母特别的关注。

人只有被爱、被接纳、被承认才能产生安全感，才能自信大胆地去探求外部世界，成熟到足以融入成年人的社会生活中。有父母的爱在后面支撑，孩子在外面不管遇到了什么，都无所畏惧：“我爸妈爱我，肯定我。”他的心里非常踏实，知道自己拥有取之不尽的力量，可以面对整个世界。

兰姐姐家庭教育21条

由于体内睾丸素的作用，男孩比女孩更易愤怒，更需要发泄。侵略、冒险和竞争是男孩的天性。男孩是用身体来表达情感的。家长应该告诉他什么是更好的表达方式，让他有能力、有责任也有时间去调整自己。同时给他发泄的机会，允许他喊叫，甚至指定一样东西比如沙发或者沙袋等，让他捶打。

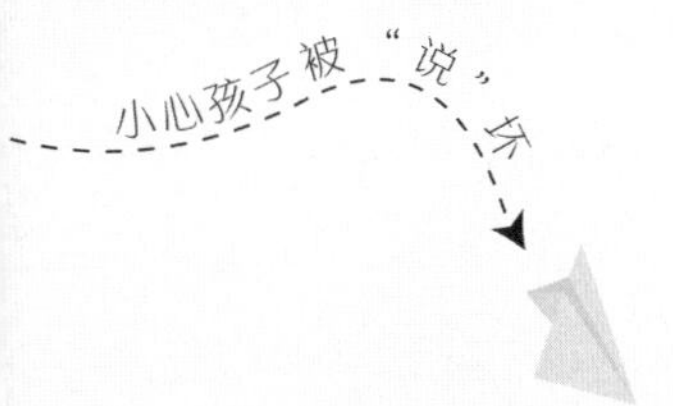

好的亲子关系胜过万千说教

愿此生你比我强大

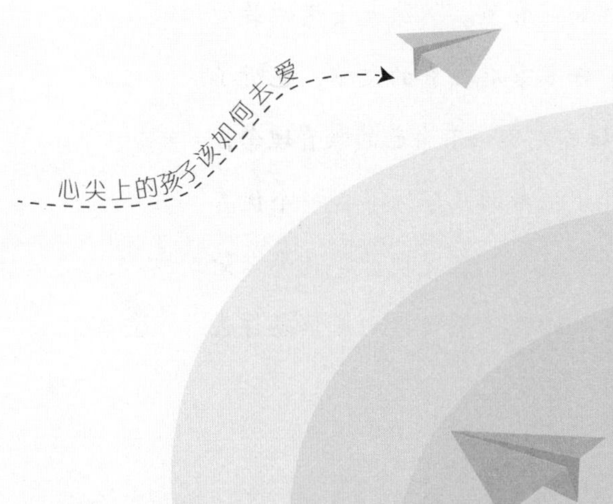

破除"尬聊"难题

兰姐姐教育三人行

心尖上的孩子该如何去爱

“我儿子今年7岁，全家人可宝贝他了。但我发现他越来越没规矩，对老人也没礼貌。我真不知道该如何管教。”徐女士说她最近很纠结，看了好多家庭教育的文章，也听了不少讲座，想好好充实一下自己的教育理念，把集全家宠爱于一身的儿子培养成一个优秀的孩子，但具体操作起来发现并不是那么简单。对于心尖上的孩子，父母到底该怎样去爱呢？

别让关注“累”了孩子

田建全（心理博士）

我曾经遇到过这样一个案例：李梦和妻子都是独生子女，双方父母都在同一城市，生下儿子亮亮后，双方父母为争着看孩子闹得不可开交，最后双方商定：每周一、三、五亮亮在奶奶家，二、四、六在姥姥家，周日由亮亮父母带。眼看孩子就要进入幼儿园了，姥姥却发现亮亮在吃饭前总要反复搓手，这可不是一个好习惯。为此，双方老人互相指责，小两口也是一筹莫展。

我建议亮亮的父母将孩子接回家自己带，对搓手现象“视而不见”。亮亮的父母执行我的建议一个月后，孩子反复搓手症状消失，一切恢复正常。学龄前儿童还没有建立起价值评价标准，他们的大部分行为来自周围世界对其行为后果的反馈，无论是批评还是表扬，对儿童来说，都是一种强化。在“四二一”这种家庭环境中，儿童一直是大人关注的焦点，尤其是曾经为争取带孩子有过争执的双方老人更加处处尽心照顾之，不允许有任何差池。亮亮的饭前搓手行为，可能只是偶尔为之，但大人觉得不对，就去阻止，其实正是这些劝阻行为，进一步强化了亮亮的搓手行为。在经过“视而不见”这种冷处理后，原来的搓手行为不再引起家长的关注，没有继续得到强化，既往建立的条件反射也就逐渐消退了。

儿童的成长有其自然规律，对于他们的表现，我们更应关注那些正面的行为，而对于负面的行为，则尽量不要过多去纠正。一句话，别让关注累了孩子。

爱孩子就像种树

赵爽孜（心理博士）

中国古语说，孩子“易生难养”。意思是生育孩子容易，养育孩子不易。而养育的技巧和全部的奥秘在于如何爱孩子，真实的爱是“顺应天性，潜移默化”。生活环境对孩子人格成长有着关键性的影响。

在孩子的成长过程中，父母对孩子的教育像种树一样。种树和育人有一个共通之处，就是需要投入精力、体力、时间和智慧。教育孩子首先顺应他的天性，给他足够的空间，去展示自己，培养正确的人生观，他以后才会找到自己的定位，生命才不会浪费。另外要给孩子提供一个安全、熟悉的环境，因为安全感是情感成长的基石。

爱孩子就要帮孩子养成好习惯，尤其是阅读习惯。脑科学专家认为儿童神经越刺激，链接就越紧密。脑神经发育在 12 岁之前完成。家长要给孩子必要的刺激，帮助神经发展。这并不意味着在孩子 12 岁以前将孩子要学的东西统统塞进孩子的大脑，而是创造能让孩子自主学习情境与动机，因为主动学习才是有效的学习。“凡事都会留下痕迹”，这就是神经网络形成的重要原理。在学习上多让孩子接触新事物，因为每一层接触都会对神经形成不同刺激。而阅读区别于电视的主要功能就是可以引导孩子主动思考。每天 20 分钟的固定阅读时间是真正爱护孩子心灵发育的教育方法，能帮助孩子形成主动思考的习惯。

溺爱是一种软暴力

兰姐姐

没有爱，就没有自我实现。爱的滋润，是生命成长的核心。人只有被爱、被接纳、被承认，才能产生安全感，才能自信大胆地去探求外部世界，成熟后足以能融入成年人的社会生活中去。但爱是有原则有技巧的，有时候爱还要适时藏起来。还有一点要提醒家长，父母的爱不要有“附加条件”。生活中，我们发现有些父母对孩子的爱带有附加条件，他们常常给孩子传达这样的信息：你表现好了，成绩提高了，父母才会更爱你！

很多家长知道溺爱孩子的危害，但却不知道爱与溺爱的界限在哪里。“溺”，《现代汉语词典》上的一个义项是“淹没在水里”，如果父母的爱如洪水般泛滥，对孩子就是一种伤害。家长要小心患上“关怀强迫症”，对孩子溺爱，会剥夺孩子生活中许多重要的东西。溺爱孩子的家长常担心孩子摸这儿摸那儿不卫生，跑东跑西不安全，限制孩子的活动，致使孩子运动能力差，和同伴玩不到一起，产生自卑孤独的心理。溺爱孩子的父母还喜欢包揽孩子生活中的大小事务，情愿自己多做一点，也不愿意孩子辛苦。这样做一方面会让孩子产生“只有你们会做，我不会做”的自卑感，另一方面会让孩子理所当然地认为父母为他所做的一切都是应该的，成为一个不懂感恩的人。一旦有人稍不如他的意，就会指责抱怨别人，就会变得不快乐。

在亲子关系中，有两句话对孩子的杀伤力最大：第一句是“不听老人言，吃亏在眼前，听妈妈的没错”，第二句是“我这样做都是为了你好”。这两句话在无形当中剥脱了孩子质疑、体验、感悟、矫正人生的成长机会，掠夺了孩子创造的原动力和潜力。放手让孩子自己寻找目标，“粗放式”教育有时更有效。

兰姐姐家庭教育21条

在上学方面，男孩不适宜过早上学。男孩的大脑发育比女孩慢了六到十二个月，特别是精细动作的协调发展尤其迟缓，因此很多时候他们都无法安静坐好。事实上男孩大脑成长得比女孩慢，他们的情感比女孩更加脆弱，他们需要更多的关怀。他需要通过触摸得到满足，获得足够的安全感。要多摸摸他的头、多抱抱他，男孩更需要实实在在的关怀和更直接的爱。

兰姐姐教育三人行

让孩子在家里做“第三者”

“全家人围着孩子转，可孩子根本不领情！现在的孩子人情味怎么越来越淡？”李女士和兰姐姐大诉苦水，并向兰姐姐讨教纠正孩子这种心理的正确方法。很多孩子在家里被惯成了“老大”。生活中，全家人围着孩子转的现象，可以说非常普遍。

过度关注，恶化亲子关系

李信阳（知名媒体总编辑）

如果有人问你：“你的孩子在家排第几？”你可能会毫不迟疑地回答：“老人的命根，父母的宝贝，孩子当然排在第一！”这话听起来没错，纵观当今社会，持这种观点的家长占据主流，但这也许正是家长教育孩子的阻力所在，也是孩子不能良性发展、健康成长的病根。望子成龙、望女成凤是天下父母的夙愿，每位家长都期望自己是成功的教育者，但实际上却总会发现事与愿违。家长的过分热心，过度溺爱，超常付出甚至低声下气、讨好巴结，换来的却是孩子的情感冷漠、娇气任性、以自我为中心、独立能力弱化，后果是亲子关系日趋紧张，家庭环境不断恶化，直至走到崩溃的边缘。究其原因，其实是家庭成员角色错位导致了这一切。家庭成员人人平等是和谐亲子关系的基础，孩子健康成长最大的动力应该是让他感觉到身上的责任，这是家长的教育之道，也是教育的真谛。让孩子做家里的“第三者”，经常给年迈体弱的爷爷奶奶一些照顾，给辛苦工作的爸爸妈妈一些帮助，并能够轻松愉快地打理一些自己的事情，给孩子进行这样的角色定位，家庭教育就基本成功了。

夫妻和孩子，爱谁多一点

石卉（心理专家）

有人这样问：夫妻之间，应该爱孩子多一点，还是爱对方多一点？正确的做法应该是对爱人的关注度占51%，对孩子的关注度占49%。因为夫妻要终生相伴，孩子终究要离开父母独立生活。现在有很多父母的博客，从头到尾每一篇每一行都是孩子的成长记录。我曾对一个妈妈说："当我打开你的朋友圈时，多希望不仅能看到孩子成长的点滴，也希望能看到你自己的生活。"很遗憾的是，许多父母甚至爷爷、奶奶、姥姥、姥爷，都过分关注家庭中的孩子，六个大人扑上去呵护一个孩子，嘘寒问暖，关怀备至。这样的爱可能会让孩子窒息。孩子没有成长的空间，也剥夺了他的自我空间。

孩子当然需要父母的爱，可是如果父母除了关注孩子之外，自己的生活几乎空白，把精力和希望都放在了孩子身上，这样的做法会形成过度依赖，不是孩子依赖父母，而是父母依赖孩子。在这种环境中成长起来的孩子成人后无法独立，在亲密关系上过度粘连、过度控制，无法拥有自己的生活世界。与父母关系错位，这样的孩子长大后或者过度依赖成人无法独立，抗挫能力极差；或者眼高手低能力不足，无法适应社会。

适度漠视，孩子更懂事

兰姐姐

在孩子的家庭教育中，如果只有关注，没有放手，那么这种成长环境并不会有利于孩子素质的全面发展。都说现在的孩子“独”性十足，其实，这都是被大人宠坏的。现在好多孩子习惯于以自我为中心，认为他们得到一切都是应该的。这样的孩子在学校里甚至将来步入社会后，都会习惯性地认为自己就是“中心”。从小是“问题孩子”，长大也会顺理成章成为“问题大人”。要想真正解决这类问题，建议家长们要掌握好“关注”和“漠视”之间的平衡，学会对孩子采取适度的“漠视”！你要用适度漠视教会孩子等待，教会他安静，教会他换位思考。适度的漠视会让孩子更好地体谅别人，懂得如何与别人交换时间、物质和情感。当然，这种“漠视”的内核是温情，要让孩子在被“漠视”的同时，感受到你对他深深的爱！

让孩子回归第三者的角色定位，其实是帮助孩子获得自由，有机会成长和锻炼。父母都能拥有自己的生活和工作，有自己的兴趣喜好，这无形中是对孩子是非常好的示范和引领。与此同时，将父母对孩子的爱艺术地表达出来，既彼此关怀，同时又能相互独立。这样孩子既有了适度的自由空间，还有了更多锻炼的机会，让自己更加独立，更加适应环境，更好地学习。

兰姐姐教育三人行

过度关爱是冷暴力

张女士向兰姐姐诉苦说，儿子小宇对人很冷漠。他不懂得关心别人，对待最关心他的妈妈也是如此。最让张女士伤心的是，前两天，她病了，儿子竟然不闻不问，吃水果时也仅是给自己洗了一个，看也没看她一眼。张女士怎么也想不通，自己整天围着孩子转,风雨无阻地为孩子“服务”，可儿子好像一点也不领情。生活中我们常常看到这种人：为孩子，牺牲自己的一切，甚至没了自我，结果反而没有得到孩子的尊重，这种人被心理专家确诊为“无原则关怀强迫症”。

过冷过热都伤人

白刚勋（知名校长）

冷与热是相对而言的，过冷或过热都会伤害人。教育的缺失，使得孩子的精神成长缺少文化营养。殊不知，精神成长应该以文化为支撑，文化是精神成长的沃土。因此营造良好的家庭文化氛围、学校文化氛围和社会文化氛围是孩子成长之必需。

孩子成长需要关爱，心灵会在关爱中得到升华，培养出会关爱别人的心，但是过度关爱就会成为对孩子的一种伤害。就像幼苗需要肥料，但肥料过多反受其害。一个有经验的农民会恰当地使用肥料，知道何时使用，应该使用多少，才能既确保幼苗茁壮成长，又能让其不受伤害。对孩子的培养也是同样的道理，孩子的精神是在环境的影响下自我生长的，营造什么样的环境，就培育出什么样的精神品质。陶行知先生讲："生活即教育"，就是说，生活的方式就是教育的方式，生活的内容就是教育的内容。家长的过度关爱或骄纵也是一种教育方式，只不过，这种教育的结果如同对幼苗施肥过多而伤其根一样。

让孩子快乐地成长，有所成就，是每个家长的愿望，但是到底如何做才能实现这种愿望呢？我认为，首先家长要明白孩子的健康成长到底需要什么来支撑：孩子的成长过程中，一是要培养孩子良好的品质，二是帮助孩子养成良好的习惯。而良好的品质需要优秀的文化来支撑，良好的习惯需要在良好的生活环境中养成。

孩子不是你的“宠物”

曾莉（心理专家）

爱孩子是父母的天性，但是以家长的需求满足为目的，而不顾孩子生命成长所需，没有理性的过度关爱，是家长的自私和失职。如果说过度关爱也是一种爱，那也是错爱、罪爱，是对孩子生命力的虐杀，是另一种形式的教育暴力。

过度关爱和骄纵孩子，压制了孩子的想象，剥夺了孩子对生活的体验，也就剥夺了孩子成长的机会。有孩子说：“我是爸爸妈妈养在房子、车子、学校里的宠物。”这样的“宠物”怎么能健康成人，拥有人的责任担当？

要避免对孩子过度关爱和骄纵，首先，要看懂并尊重孩子的生命所需。生命需要呵护，更需要经历，经历精神的满足、失意，身体的劳累、伤痛，人情的亲密、疏离，学业的进步、后退，做事的成功、失败，以及他在所在的年龄段可能犯的一些错误。孩子需要在各种各样的生命体验中认识人生，提升智慧，完善人格，获得能力。其次，要分清保护和限制的区别。保护应该针对孩子基本的生命安全，而将风险扩大化，不许孩子拥有自主、独立的思考、行动、抉择权力，那就是限制。第三，要明白“世界上所有的爱都是为了相聚，只有父母对孩子的爱是为了分离。”父母对孩子的爱，是为了让孩子拥有更强的生命力，离开父母能够独立从容地面对自己的未来人生。

爱“超载”伤不起

兰姐姐

提起教育冷暴力，我们大多定义在语言伤害、冷漠、孤立、漠视孩子，其实对孩子溺爱和骄纵这些“过分”的行为，也是教育冷暴力的表现，这对孩子成长是一种戕害。患了“关怀强迫症”的人，特别需要别人依赖自己，总是爱向别人提供不需要的关怀，并且，这种人还强迫别人接受自己的关怀，从而使别人不能独立。当别人依赖自己的时候，他就会感到满足，感到自己有价值。爱孩子，如果只是为了满足自己的付出感，那么这些关怀，就是毫无节制的，是“超载”的。

德国著名哲学家雅斯贝尔斯说：真正的教育，是一棵树撼动另一棵树，一片云推动另一片云，一个灵魂唤醒另一个灵魂。爱只有互动起来才会产生力量，父母爱孩子，也需要来自孩子的爱。如何获得孩子的爱？父母要学会爱自己，珍惜自己的事业，追求自己的目标，珍爱自己的生活，从而影响孩子的一言一行。牺牲自己的一切来爱孩子，培养不了孩子良好的人格，到头来甚至可能换来孩子人格的低下、生活的低能。

兰姐姐家庭教育21条

教育最怕功利性的追求。天天读课本，重复做题，这种做法无异于“自我设限”，这样培养出来的孩子越长大越没有竞争力。在大格局里成长起来的孩子，将来才会长成结结实实的幸福之人。孩子没朋友，比考试不及格还严重，要多让孩子活在人堆里。如果缺乏同龄人组成的“微江湖”的基本功历练，孩子们的社交能力在成年后很可能会出现障碍。孩子们很有必要从小演练社交技能，社交能力也要从孩子抓起！

兰姐姐教育三人行

成长的路上别缺失了父爱

“整天围着孩子转，照顾吃，照顾喝，还要盯着他学习，可为什么出力不讨好？”学生家长于女士说，由于丈夫工作忙，经常出差，儿子小航从小是她一手带大的。可孩子内向、害羞，缺乏男子气概，不善交往，同学都看不起他。孩子变成这样，丈夫把责任都推到妈妈身上，说孩子是母亲惯的……生活中像小航这样的家庭不在少数，家教的重任大多由母亲“把持”，但这种“单独教育”并不有利于孩子的成长。

再忙碌也可以成为好父亲

孙云晓（国家级青少年成长专家）

现代社会，许多父亲觉得教育孩子是妈妈的事情，自己打拼事业，担负起赚钱养家的责任就够了。这是认识的误区。研究发现，少年犯以及有吸毒、离家出走等等行为的少年，在失去父亲的家庭特别容易出现。所以，即便是单亲家庭，父亲或者母亲也要想办法避免让孩子生活在单一性别的环境里。比方说，可以动员家里的男性长辈跟孩子保持一定的接触，营造一个有双性别长辈关心和指导的环境。或者是让孩子积极地参加各种体育活动，这样孩子也可以接触到男性教练，增强孩子的“阳刚气”。再忙碌的父亲都可以成为好父亲，要有这个观念。父亲是不是想尽了办法关心他，孩子非常清楚。有个和我一起共事的女博士，她的父亲年轻时是跑供销的，几乎常年不在家，但女儿始终认为自己有一个非常关心她、疼爱她的好爸爸。比如在她过 10 岁生日的时候，她爸爸从很远的地方发来一封“祝女儿生日快乐”的电报，足以看出这位爸爸“非常重视”女儿的每一步成长。而且，无论她的爸爸出差到全国任何一个地方，都会在当地给女儿买一个卷笔刀。这些卷笔刀装满了两个柜子！这就是父爱的见证。所以，不论再遥远、再忙碌，只要心里有孩子，也能当个好父亲。

爸爸怎么“教”才不为“过”

王茹（心理专家）

“子不教，父之过”，一个好爸爸对于孩子来说意味着什么，古训告诉了世人答案！当越来越多的声音强调爸爸在孩子成长过程中的重要性，当越来越多的爸爸们用事实证明：再多的钱物、再辉煌的事业也替代不了跟孩子在一起的时光。我们欣喜地看到有些爸爸已回到了孩子身边。

爸爸怎样的“教”才不为“过”呢？这要从男人的特征来展开讨论。首先，父亲的原始形象代表力量和英雄，爸爸要给孩子心理上的安全感，当幼小的孩子感到害怕的时候，能从爸爸那里获得心理满足。所以教孩子如何判断危险，掌握几招应对危险的措施，是勇气和自信的传承和内化，也是爸爸可以跟孩子交流的话题。其次，“爸爸是孩子的规矩”。爸爸要培养孩子的规则意识，只有爸爸用男人特有的刚毅与果敢，让孩子知道哪些是不能碰的底线，碰了底线的结果是什么，才会让孩子懂得“敬畏”。当孩子走向社会（幼儿园、学校、工作岗位）后，面对不同环境，才具备较强的适应能力。

架构完美的“等边三角形”

兰姐姐

正常的家庭结构像一个等边三角形，夫妻关系应该是家庭关系中最紧密的关系，父母是底边上的两个角，他们应该和孩子形成同等的距离。可是“假单亲家庭”就不同了，像小航，他和母亲过于亲密，父亲“形同虚设”，这种家庭结构的紊乱，会造成孩子自卑、怯懦。而且，孩子一旦出了问题，父母就会埋怨对方，甚至互相攻击。此为家庭教育之大忌，非常不利于孩子的成长。

研究表明，在家庭教育中，父亲角色的重要性一点都不亚于母亲。孩子从 3 岁开始，如果能持续得到父亲关注，更容易形成健全人格。有父亲的有价值的陪伴，女孩能被培养出自信和认同感，男孩则能被培养自信及刚毅的品格。另外，父亲对孩子的关注，也有利于孩子的人际关系发展。建议父亲们每天至少拿出二三十分钟的时间来关注和参与孩子的活动，哪怕是给孩子讲个故事，陪孩子玩一会儿，如果因故不能按时回家时，就给家里打个电话，和孩子说上几句话。不要小看这几分钟的相处时间，这会让孩子感受到父爱的存在。

小心孩子被“说”坏

孩子面前，别扮演专家！

“说实话，听了上句我就知道下句，都是些陈词滥调，他们还当‘圣经’！”初一学生小李向兰姐姐诉说，自己最受不了父母轮流上阵讲道理，“我最烦父母给我讲什么大道理，明知道他们这些话是对的也不愿意照着做！”兰姐姐发现，不少家长读了一些亲子教育的书，又东打听西打听了几条教子招数，就自以为是专家。结果书读得越多越糟糕，孩子跟自己就像仇敌似的。其实，孩子的很多问题不是说就能解决的，交流渠道不畅，再多的教子高招也没用。

每周设定亲子时间：
先玩再说更有效！

盛淑芹是青岛市妇联评选出的“优秀母亲”，她的女儿王君亦被保送北大。她的教子秘诀之一就是：设置亲子时间。盛妈妈的观点很明确：父母要做孩子成长道路上的良师益友。从孩子很小的时候开始，每周六的晚上就成了她娘俩交流的特别时间。她常和孩子一起下棋、打扑克，一起折纸，一起看电视，或听女儿聊班里的事儿。“每当女儿高兴地谈论完收获与成绩之后，我都会提醒她成绩已经成为过去，还需要努力才能常胜不败。每当女儿沮丧地回忆挫败和不愉快之后，我总是以轻松的语气告诉女儿：‘没问题，你一定行，过程中的失败是免不了的，因为你是一个正常的孩子。’”

“有氧”家庭：
父母和孩子就是一个团队！

来自美国宾夕法尼亚州的凯莉在中国已经生活两年了，她有 4 个孩子，最大的 16 岁，最小的 5 岁。她说，父母要给孩子一个“有氧”的家庭。父母和孩子就像一个团队，彼此之间要互相沟通。在家庭之外每一个人都有很大的压力，家庭是让人放松的地方，父母与孩子的交流很重要。每周日的傍晚是他们一家人固定的交流时间，每个人都会说一说上周发生的事情，和下周要做的工作，这样的交谈全家人都非常喜欢。凯莉告诉我们："交流可以让我和先生知道孩子们的安排，比如，如果下周有孩子要参加足球赛，我就提前帮孩子们做一些必要的准备。孩子们之间也可以互相支持，安排好自己的事情再到现场观赛，这样做，可以让每一个人都知道自己很重要，家庭在支持他。"

好的关系胜过万千说教！

兰姐姐

"关系大于教育"，其实教育孩子时家长不需要灌输很多教育理念，不必告诉孩子该怎么做，不该怎么做，只要和孩子保持良好的关系就行。这里的关系不是过度亲密、依恋的纠缠关系，而是一种相对自由和谐、彼此尊重的关系。当父母和孩子建立起这样的关系的时候，孩子就会自觉地向父母期待的方向去努力。

在兰姐姐遇到的很多案例中，一些父母虽然有非常正确的教育理念，但他们的亲子关系却非常糟糕。一些教育专家教育别人头头是道，但是教育自己的孩子却不行。“重视教育理念，却忽视和孩子的良好关系”，这种现象比比皆是。而不良关系的结果是，家长教育的方式越正确，结果越差。良好的亲子关系应该是父母理解孩子，孩子理解父母，父母不会把自己的意志强加给孩子。如果父母更注重亲子关系，不高高在上扮演专家，孩子可能更容易接受，孩子的进步也会水到渠成。从根本上说，孩子实在的改变是在日常的教育实践中，而教育理论只是帮父母认清方向而已。

兰姐姐教育三人行

“听话教育”不是好教育

“孩子，听话！”这是许多家长教育孩子时的口头禅，有一个听话的孩子也是天下父母的夙愿。听话教育可以说是我们教育孩子的“祖传秘方”！但备受关注的韩国沉船事件引发了国内外众多教育者的反思。船上 300 多名学生，大多数因为“听话”，按照船方指示留在船舱中待命，最终与客轮一同沉没，而一些没有听从指示的学生却活着回来了！这个残酷的现实让我们不得不思考：服从教育、听话教育是否是永远正确的？从这次事故中，我们应该让孩子吸取什么样的教训？兰姐姐特别邀请知名校长和心理专家共同探讨这一沉重话题。

指向月亮的手指不是月亮

刘晓云（知名校长）

我们这一代人是听着“不听老人言，吃亏在眼前”这句老话长大的，而且因为过去的年代没有现在这么多信息渠道，往往从大人那里得来的知识都很好用。所以，我们这代人大都有服从、听话的意识，那时候不听话孩子出危险的情况会比较多。今天，在获取信息、知识的渠道众多的情况下，大人的经验和知识仍然是孩子们获取学问和提高能力的重要途径，毕竟书本知识、媒体上的知识也是前人或他人经验和教训的总结。造成韩国沉船事故的悲剧不在于孩子们“听话”，而在“话”的来源出了问题。试想假如船上的成年人能给予孩子们科学、有序的指导，会怎样呢？结果会大不一样。

有句话说得好，“指向月亮的手指不是月亮”，大人们的话只是一个指向性很强的手指，但能否看到月亮还在孩子自身。也就是说知识不等于能力，要把“知道”变成“做到”，知识才有价值。面对成长中的孩子，我们更要思考的是如何提高孩子们应对大灾大难时的意识与能力。让孩子们掌握一定的自救知识，拥有随机应变的能力，能使他们在遇险时脱离危险，保护自己。这应该是每一位家长和老师的责任。安全教育成功与否的标准是孩子们是否具备了安全自护的能力。所以说，在安全教育的课堂上，我们永远都拿不到毕业证。唯有不断地学习才是我们的出路。

应变能力需要提前“设置”

赵爽孜（心理博士）

应变能力具有突发性、快速性、机智性三种心理特征。应变能力是在标准化和规范化教育中，孩子必须培养的独立思考能力、反思力和判断力的总和。孩子的成长既需要保护，又需要自由。在家长的限制和放手之间，在孩子的听话与不听话之间达到有效平衡。应变能力需要从小培养。当孩子身处小险境时，他机敏的大脑会快速运作，评估当前形势，在紧急状况的压力下思考，然后随机应变，做出化险为夷的决定。当孩子经历得这种情况多了，就会养成处变不惊，快速应变的习惯行为。

随机应变是即兴式的一种状态，它跟规范化的、按部就班的、有条不紊的状态之间的对立，其实并不是那么大，它潜伏在规范化背后。良好的应变能力是日积月累、潜滋暗长起来的。它的准备是无形的。诸多生活的经验、教训、直觉等等，都会慢慢地汇入到孩子们的潜意识当中，它们形成了一种潜在的应急准备。在关键的时候，突然产生的那种所谓灵感式的、天才式的思维，实际上是以前的积累在瞬间呈现出来了，它也是有准备的，以往的经验、教训、直觉就是应变能力的知识背景库。自救能力需要训练，教育孩子敢于求助，并且让孩子有直觉体验。应急求生是一种生存技能，每个人都有必要了解和掌握。

孩子不听话不一定是坏事

兰姐姐

有一个听话的孩子是很多家长的愿望。“看人家孩子多听话啊”也成了一些家长挂在嘴边的口头语。其实，孩子太听话不一定是好事，不听话也不一定是坏事。不盲从、有独立思考精神和随机应变能力的孩子，才能更有力地面对这个瞬息万变的世界和丰富跌宕的人生。

生活中，最让我们家长难过、纠结的是亲子“战争”。当听话的乖孩子一夜间消失，对你横眉冷对时，家长往往除了盛怒，就是悲哀。且慢沉浸在这种情绪中！这时候最需要的是冷静、反思！尤其是上了初中，孩子不像小学那么“听话”了，其实这是一种可喜的现象。当孩子站到你的对立面，说明孩子进入了成长的新阶段。从这个意义讲，我们应该为孩子高兴。这要求我们大人，不要再把孩子当小孩子看待了，这也是建立平等、相互尊重的亲子关系的重要时机。

从沉船事件表面上看，孩子们遭遇不幸是听话造成的，从实质上说是船员职业精神败坏引发的恶劣后果。因此，好的传统教育方法并不需要颠覆，让孩子积极向上，善于、乐于听从大人教导，这依然是我们的教育方向，但一味地让孩子“听话”并不是好事，是一种教育的误区和短视。在听话和不听话之间，大有文章可做。

兰姐姐家庭教育 21 条

有句话，可能我们不愿相信：在一个人的成长过程中，最深的伤害大多来自父母。没有尊重，没有真爱，没有界限，一个三无的孩子，哪怕成绩优异，才艺俱佳，也终究不会长成一个真真正正的幸福之人。

强势父母，孩子问题多

“我真是没招儿啦！用在学生身上的教育方法都管用，可用到自己儿子的身上就失效了。”学校名师、学科带头人、有多年高三毕业班带班经验的李先生提起自己的儿子就觉得很“受伤”。做老师的教不好自己的孩子？社会上的人可能很难理解这一现象，然而现实中就有相当一部分教育工作者无法教育好自己的孩子，甚至一些知名的教育专家、知名教师也会在自己子女的教育方面出现问题。

最怕给儿子开家长会

“我最害怕给儿子开家长会了！”李先生告诉我，他的孩子今年上初二，在班里的名次到了四十多名，还经常给老师捣乱。家长会上，班主任很不客气地对他说：“你也是当老师的，孩子怎么能教育成这样？再不采取措施，问题就很严重了！”几句话说得他面红耳赤。想想自己在家长会上大谈教育理念、学习方法，也指责过问题学生的家长。如今同样的场景出现，自己却成了“讨伐”的对象，李先生感到无地自容，提起自己的名师称号，也明显感到“底气”不足。

李先生反思，当学生问问题时，自己总是想方设法讲明白，当学生听不懂时，自己总不断反思讲解方式是否恰当。而当自己的儿子问问题时，经常问题还没讲完，自己就开始发火了，什么难听的话都能脱口而出，甚至对儿子大打出手，和平时诲人不倦、态度平和的教师形象完全不同。“要命的，每次出现这种状况后，我都告诫自己以后不要这样，可是下次又会故态复萌。”

教育“灯下黑”不是个案

教师子女教育“灯下黑”绝不是个案，而是具有鲜明的职业特点的普遍现象。对这一现象的分析和研究，不仅关系到教师子女的教育问题，也是站在更广阔的视角去完善教师的教育思想、教育理念和教育行为。

心理教师曾莉分析，老师教不好自己的孩子，造成教育“灯下黑”的原因有三。一是角色的迷失。教师家长，在学校是教师，是班主任，在家里的身份应该是父亲或母亲。而有些教师家长在家里常常是摇摆在两种角色之间，使得自己的孩子经常产生心理错位，无所适从。二是有的教师对自己的子女期望太高，要求太高，不考虑孩子的个人兴趣与爱好，不切实际地把自己的意愿强加到孩子身上。这种望子成龙的心情可以理解，但往往会使自己的孩子失去发展的内驱力。还有一点，有的教师对自己的子女教育缺乏耐心，批评多，鼓励引导少。久而久之，不仅子女听不进教师家长的话，还可能产生对立和抵触的情绪，有了逆反心理也就不足为怪了。

解读强势父母的孩子问题多

一项调查显示，孩子心理问题的产生与父母的职业有一定的相关性。其中，军人、警察、教师、律师、会计师、导演、企业高管等职业的子女更容易产生心理问题。一方面，这与家长的工作性质和有效养育时间有关；另一方面，也是更重要的方面，是社会角色和家庭角色切换的问题。从事这些职业的父母在工作中相对比较强势，同时，他们会不知不觉将这种强势状态带回到家庭，成为强势父母。而强势父母遇到当今的家庭教育，就会产生诸多问题和挑战。

有这样一个孩子，高一的时候和父亲吵架，父子俩动起了手，父亲被儿子重重地打了一拳。家里人都很难过，觉得这孩子完了，简直就是个混蛋。后来，父亲生病做手术，当父亲做完手术被推出来的时候，护士说，这家的男人来抬一下，他担当了主力。此后，一家人的感情迅速得到了改善。后来，这个孩子吐露了心声，当他看到爸爸躺在病床上的时候，才发现一向“蛮横”的父亲其实很脆弱，他意识到自己长大了。强势父母往往不懂得“弱”的道理。《道德经》中“反者，道之动；弱者，道之用”这句话清楚地揭示了教育的真谛：只有父母弱下来，才能够让教育之道真正产生作用。

家长对孩子要求越严，孩子可能越差！

孩子的成长无论在生理上还是心理上都有客观规律，兰姐姐提醒家长，父母的爱是孩子成长的发动机，父母给孩子的爱一定要够真，够分量。只有了解孩子成长的规律，因势利导地教育，才能让孩子身心健康地成长。

有的家长要求孩子非常严格，孩子一旦出错就大声斥责甚至打骂他。发生这样的情况的时候，我们可能会看到孩子流露出害怕的神情，默默地流泪，但我们看不到：孩子的大脑会分泌出有毒的物质，抑制多巴胺的产生。多巴胺生成得越多，人就会越快乐，智商也会发展得更好，情商也会随之提高。反之，如果长期抑制，就会影响到孩子的大脑发育。也就是说，家长过高的要求和无尽的指责不仅不能帮到孩子，起到你想要的作用，而且会适得其反，让你的孩子越来越差！

在心理博士赵爽孜追踪的案例中，有自闭症或者童年受过性侵犯，以及经常性遭受大人斥责的孩子，大脑中有明显的阴影。而这种阴影一旦形成很难消除，在人成年后很容易诱发心理疾患，造成有的人甚至一生不知道快乐为何物。

兰姐姐教育三人行

孩子为什么看不起家长

“进入初中以后，我的孩子开始看不起我了！我儿子晓森今年上初一，有时在家里他常常懒得听我说话，甚至直接叫我闭嘴！真是让人心寒啊！”为什么孩子会这样对待母亲？是不是他的道德出现了问题呢？家长感到很痛心，更觉得束手无策，到底该怎么办？

孩子不“听话”，其实很可喜

马林（知名校长）

上了初中，孩子有了更多的自我意识，不像小学那么“听话”了。其实这是一种可喜的现象，家长没必要过分焦虑，这是普遍现象，不是自家孩子的个案。还有一点，这说明孩子在长大，家长思维上的“升级换代”却没有跟上。在亲子关系方面，双方的距离太近，就会产生“放大镜”的功效，孩子老觉着别人的家长好。其实，绝大多数父母爱孩子的心都是一样的。建议家长首先要重视孩子青春期的成长，和孩子有效沟通，同时，家长朋友也应该反思自己，是不是在家和在工作场合对自我要求执行两个标准，自己的形象是不是给孩子留下了不良的印象和影响?

看不起孩子，他自然看不起你

赵爽孜（心理博士）

我们发现，有些父母对待孩子的态度有问题。他们从孩子小时候就看不起自己的孩子，经常拿别人家的孩子和自己的孩子比，在言语和行为上贬低孩子。孩子到了青春期，出于逆反心理，就很容易产生看不起家长的行为。青春期的孩子，成人感和自主意识增强，开始要求自己的地位和权利，因此，在和父母沟通的时候，就不会像小学那样，一味地听从父母的安排。当父母的意见和自己的意见不合时，亲子之间就容易产生冲突，孩子容易出现情绪波动。对此，父母要调整对待孩子的方式和方法，更多地接纳孩子的成长和变化，真正地发自内心尊重自己的孩子，学会发现他的优点，做到“多鼓励、少批评、不贬低”。

每个孩子都是挑战父母长大的

兰姐姐

我急切想表达的是：我们大人应该学会向孩子学习！这是一种态度，更是一种需要。现在的孩子，尤其是中学生，接收信息的途径很多，他们在某一些方面的知识储备，很可能已经超过了家长。如果你面对孩子时采取一种学习的态度，而不是摆出一副高高在上的指导者和理论家的姿态，他自然会“就范”，会更接近你，更尊重你。当然了，孩子张牙舞爪的叛逆面目可能让我们很心焦，但一定要淡定，回想一下自己的青春期，谁不是折腾着长大的！教育不是靠空话，不断地说教就会奏效的，更需要父母以身示范，从小事做起，不仅尊重长辈，而且尊重包括孩子在内的其他人。那样，孩子们自然就会耳濡目染地学习，学会如何处理矛盾和冲突，学会如何尊重自己的父母了。

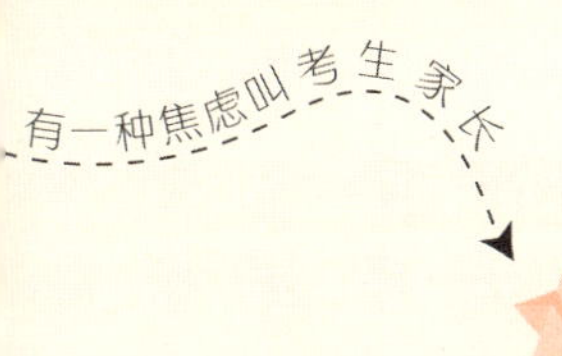

中国式父母的焦虑

愿此生你比我强大

孩子没朋友，比考试不及格还严重

孩子没朋友，比考试不及格还严重

“看到孩子开心的笑脸，我却觉着心酸！”许先生的儿子上小学六年级，平时，儿子除了上课，上辅导班，就是待在家里和电视、电脑为伴，经常闷闷不乐。放假了，许先生和他的几个同事相约把孩子们集中在一起，组织了一次野外拓展活动。看到孩子们在一起开心玩乐的样子，许先生感慨：“跟小伙伴在一起，孩子才会发自内心地快乐啊！”

家长“重学轻友”，看到孩子学习才安心

小航从小是个听话的孩子，从上小学开始，妈妈就很少让他和邻居家同龄的小朋友一起玩。妈妈总认为邻居家的小孩子成绩没有小航好，小航和他们在一起就是瞎打瞎闹，根本就学不到东西，纯粹浪费时间。所以小航的母亲利用自己的空闲时间，陪着儿子画画，玩棋牌游戏；或是带儿子出去旅游。

小航妈妈“自豪”地认为自己给了孩子充足的娱乐时间，而且让儿子在游戏中学到了知识。可是，小航每次听到楼下小朋友嬉戏的声音，脸上都会流露出一副羡慕的表情。

处于成长期的孩子很容易受到身边其他人的影响。孩子的成长环境十分重要。因此，让孩子在一个比较好的学习环境中成长，避免结交“不良少年”，沾染不良习气，应该是家长重点考虑的问题。大多数家长认为家庭和学校对孩子的影响最大，极少有家长关注孩子对朋友的选择。

五成孩子缺玩伴，成人陪伴难替代

玩耍是孩子的天性，和同伴玩耍是所有孩子快乐的重要源泉之一。与伙伴们快乐玩耍的时光，是多少成人最难忘的童年回忆，而孩子的这种快乐是成人陪伴所不能取代的。调查显示，现在能经常与小伙伴一起玩的孩子不足 50%。孩子不能经常与伙伴一同玩，有一部分原因是因为父母的阻止。父母希望孩子将更多的时间用于看书、学习，认为只要孩子学习好就能成为有用之人，就会获得成功。这种对“成才”的片面理解削弱了父母鼓励孩子与同龄人交往的动机。

另外，都市化生活造就了孤独与疏离，随着成人世界的激烈竞争向儿童世界逐渐蔓延，“与伙伴们一起玩耍”的体验和乐趣，对于现在的孩子来说，越来越陌生和奢侈。

现在的孩子与伙伴们玩耍的时间要远远少于他们父母小时候与伙伴们玩耍的时间。除去上学的时间，孩子们的大部分时间是和父母、（外）祖父母等人一起度过。

没有朋友的孩子最可怜

同伴交往对孩子的成长十分重要，孩子没朋友比考试不及格还严重！随着独生子女年龄的增长，群体社会化对孩子的影响越来越显著，同伴的影响力影响孩子做出的选择。随着一个人年龄的增长，他会越来越在意同伴的评价，特别希望让同伴们对他有一个比较好的印象。

那么，如何引导孩子学会交往呢？首先是要引导他们学会发现他人的长处，尊重多元文化，善于和不同的人共同生活。其次，要引导孩子学会以人之长补己短，以人之厚补己薄。同时不能失去自己，要保持自己的个性，和别人友好相处。

其实，了解孩子与伙伴的交往情况是了解孩子最有效的途径之一。从孩子最好的朋友谈起，从招待孩子最好的朋友入手，也许你会更了解自己的孩子。

支着：让孩子活在“人堆”里！

心理专家曾莉老师的女儿身心健康，非常阳光。问其教子秘诀，答曰："让孩子活在人堆里！"她的家始终对孩子们开放。在女儿学生时期，每逢寒暑假，总有女儿的小伙伴在她家聚堆，哪怕家被"造"得不成样，她也一笑而过。可是我们发现，大多数家长并不认可孩子们之间的聚会，有的家长甚至"恐聚"。不少父母觉得学生们没有赚钱的能力，拿着家长的钱请客，容易互相攀比，助长不良习气，而且聚会的组织和准备工作也很麻烦。但是中小学生对聚会有近九成的支持率。一个个"轰趴"所聚合的，正是一个属于自己的朋友圈。心理博士赵爽孜表示，如果孩子缺乏同龄人组成的"微江湖"的历练，很可能在成年后与人社交方面会产生障碍。孩子们很有必要从小演练社交技能，社交能力也要从孩子抓起！优秀是可以复制的。

兰姐姐家庭教育21条

这世上，哪有不疼的爱？孩子不折腾不一定是好事，乖乖听话基本靠演技。进了青春期，没被孩子气到爆炸的妈，少见。同理，没被妈叨叨烦的孩儿，也不多。痛并快乐着就是亲子关系的主旋律。有的孩子是礼物，有的孩子是考验。既来之则爱之，气过之后卷土重来的只有滚滚母爱！

孩子学才艺，最佳时间表来了

学乐器、学舞蹈其实不宜早

都说学乐器能培养孩子的乐感，增进大脑发育。于是不少孩子在三四岁时就开始学习乐器了。专家表示，学习乐器需要孩子有兴趣和一定的耐性。孩子过早学钢琴、小提琴、电子琴等乐器是不适宜的。兰姐姐提醒，对于小孩子来说，与其家长每天逼迫他们练习乐器，还不如带他们去听音乐会，看艺术展，以培养艺术细胞。等他们对艺术有了一定的分辨和理解能力后，再通过有目的、有侧重的学习训练，进一步发掘他们的潜力。

学舞蹈的女孩子气质好，形体优雅，不少家长在孩子很小的时候就送她们去学各种舞蹈，如拉丁舞、民族舞、芭蕾舞等等。专家提醒，忽略孩子的身体特征和年龄阶段，盲目地进行舞蹈训练对孩子反而不利。特别是儿童的骺软骨尚未完全骨化，如负重过大，会使骨骺损伤或过早骨化，很可能影响孩子的身体发育。孩子学舞蹈应以娱乐为主，以不感觉累为宜，避免过难过繁的动作。

学艺应该允许孩子按下“暂停键”

孩子学艺过程中家长最愁孩子不主动，找理由逃避学习，甚至放弃。出现这些现象是很正常的。兰姐姐提醒，父母首先应调整好心态，设身处地站在孩子的立场想一想，如果一味批评责备甚至采取高压政策，只会引起孩子更强的逆反情绪。给孩子定的目标既要有一定的难度和挑战性，又要让孩子经过努力可以达到，才能激发孩子学习的兴趣。比如孩子学琴时，如果曲目较长，其中又充满难关，就需要把练习的曲子切短，让孩子体验到练习的效果。

学才艺，老师们往往强调持之以恒。其实也应允许孩子适当暂停。当你发现如果再坚持练下去，孩子有可能讨厌某种才艺时，最好在孩子明确表达之前主动暂停孩子的练习，变练习时间为艺术欣赏时间，或者和老师沟通，把学习的步伐暂时放慢。和是否坚持相比，孩子对艺术的喜爱和欣赏更为重要。

孩子学艺最佳时间表来了！

- 小提琴：对手短且手臂力量不够的幼儿来说，学小提琴过于勉强，5—6 岁这个年龄段学小提琴比较合适。

- 钢琴：最好让 3—5 岁的孩子先听一些旋律优美的钢琴曲，学会欣赏，等孩子 5 岁以后再开始接受钢琴等乐器的技术指导。

- 舞蹈（芭蕾、现代舞）：很小的孩子就能踩出步伐，但技巧指导最好从 6—7 岁开始较好。

- 绘画：2 岁半到 3 岁的孩子开始对颜色、形象感兴趣，可以进行涂鸦练习。

- 书法：从小学三年级开始学习为佳。幼儿园和小学一二年级的学生理解力较弱，但若有兴趣，又能持续学习，也可学习。

- 围棋、象棋：适龄期是 3—4 岁，如果想让孩子充分理解，从小学三年级开始学较好。

- 游泳：各年龄阶段都合适。

- 体操：越早开始，越有完成高难度技巧的可能性，一般来说，3 岁开始较为适当。

- 乒乓球：3 岁的孩子就能打乒乓球。如果孩子有兴趣，随时都可以开始学。

有一种焦虑叫考生家长

“马上要中考了，我感觉我比孩子还紧张！”考生家长王女士说，这周孩子就要报志愿了，她急得吃不下饭，睡不好觉，班都不想上了。孩子一上初三，这位妈妈就在自家门上挂了一个牌子，上面写着“家有考生，请勿打扰”。她还给亲戚朋友打电话，嘱咐他们这半年最好不要来家串门；又要求爸爸晚上不准应酬喝酒，如果喝大了，就到爷爷家睡，别回来影响孩子。中高考对一个家庭来说的确是大事，但紧张过度，家里家外成了焦虑源就适得其反了。

家长要“豁得出去”！

王国梅（心理专家）

中高考年年有，家长的焦虑一茬一茬从来都没间断过。家长们焦虑的原因多种多样，表现也各不相同。虽然这种焦虑源于家长对孩子的重视，是爱的表现，但是如果真的想帮助孩子，不妨花些力气做做功课，安抚好自己忐忑焦虑的心，带着从容与淡定陪伴孩子度过这段紧张劳累的日子。这可能是父母给孩子最好的考前礼物了。如果担心孩子考得不好，甚至考不上，不妨分析一下孩子平时的成绩，看看孩子在哪些方面薄弱。中高考考题的区分度是比较高的，对于绝大多数考生而言，中高考成绩与平时成绩的水平基本是一致的。只要孩子考试时正常发挥，成绩也就不会大起大落了。哪有必要用一些概率极小的意外事件来吓唬自己，吓唬孩子呢？家长若能拿出一股“豁出去，输得起”的劲儿，孩子的内心才会更有力量！

如果亲子都很焦虑，也不必过于掩饰。家长不妨先在孩子面前坦陈一下自己内心的不安，共同寻找并尝试用一些缓解焦虑的方法。当亲子能够相互“晒”自己的焦虑时，问题已经解决了一大半。

别被倒 U 字型击垮

白焱（优秀班主任）

近二十年的从教经验告诉我，应考是一场智力活动，而智力活动的效率和精神的紧张度成倒 U 字型关系：松松垮垮没有效率，过度紧张其效率也会直线下降，唯有平常心，才能考出好成绩。这个经验已被过去无数考生的实践不断证实。因此，考试前家长应做的是，让自己和孩子都保持平和的心态。既不需要省吃俭用给孩子补什么营养，也不需要给孩子特殊的关爱，这样做反而会弄得孩子紧张不安的。

孩子一生中会面临数不清的考试和选择，中考、高考、考研究生、考托福等等，不必把这一次考试搞得如此紧张。有的孩子会偶尔失眠，那就告诉他，年轻人精力旺盛，失眠几次，无损健康，只会磨炼意志。只要别太担心，适当增加体育锻炼，很快就会恢复正常。有的孩子会因考试惶惶不可终日，那就开导他，人生的道路十分漫长，不是一局定输赢，人生的价值是在不断的、长期的奋斗中实现的。有的孩子会诉苦说一到考场上，就什么都忘掉了，并为此苦恼不已。那就告诉他，这是十分正常的现象。人的知识是储存在长时记忆里的，就像计算机的信息储存在硬盘里，脑子空正是最佳状态，否则满脑子都是单词、公式、古诗古文，真需要运用知识时，就调取不出来了。

提醒家长：考试过程中，孩子考完一门之后，一定不要追问他考得如何，不要让他在考场上算分，这只会耗费他的精力，引起心理波动，有百害而无一利。考完一门便扔一门，不管好坏，都平静地进入下一门应考中，这样才能取得好成绩。

营造“战时”和平环境

兰姐姐

中高考前，“千万不要紧张”是家长对孩子常说的话，这其实是家长内心紧张的表现，而越向孩子传达这样的信息，孩子也越容易感染到紧张的情绪，越容易导致考试发挥失常。所以，考前家长一定在孩子面前保持冷静，营造“战时”如“平时”的学习环境，用平和的心态去感染子女。

有研究表明，考前压力越大，越影响临场发挥。其实，孩子们的精神已经够紧张了，父母们不需要再给他们增加压力了，否则有可能会压垮孩子。最好的办法是适当照顾孩子，管理好自己的情绪，多鼓励少唠叨，平时是什么状态，考前也是什么状态。部分家长不顾辛苦地陪孩子熬夜学习，这会让孩子有家长在盯着的感觉，也会让孩子不舒服。作为家长，可以给孩子的复习提供合理化建议，更重要的是照顾好孩子的生活和情绪。同时家长要给孩子吃颗“定心丸”：“无论你考得好不好，只要考出你的真实能力，爸爸妈妈就知足。”

兰姐姐教育三人行

孩子就爱跟“坏小孩”玩

“我是一位小学五年级孩子的家长。儿子性格开朗，喜欢交朋友，这本来是好事，但是他却总跟一些成绩不好、调皮捣蛋的孩子玩得不亦乐乎。考虑到这个年龄的孩子心智还不成熟，具有很强的模仿性，很容易受到外界因素的影响，作为家长，我们很反对他和这些孩子玩。虽然也跟孩子谈过和这些孩子玩的后果，但是儿子却很不理解，话说多了，他还很不高兴。我们真的很担心，长此以往，儿子会变成一个什么样子？”

很多家长在孩子交友的问题上，很容易一厢情愿，限定孩子的交友范围。看到孩子和所谓的“坏小孩”玩，有些家长往往就不淡定了。在孩子交友方面，家长到底该如何正确监督和有效指导呢？听听专家的建议吧。

尊重孩子与同伴交往的权利

石卉（心理专家）

在孩子交友这个问题上，有许多需要颠覆的传统误区。这个世界上没有所谓的坏孩子，只有未被欣赏的、未得到认同的孩子。孩子在交往中获得的真挚友情、深刻的情感体验，将是孩子一生的财富。

其实家长在指导孩子交友的过程中只需要做到示范、分享、解惑和安抚就可以了。

示范：家长交友的言行举止，孩子都听得到看得到。在交友方面，有些家长会过于功利。这对孩子交到真正的朋友绝无益处。家长要示范，要让孩子懂得，交友要真诚、友善、主动、积极、宽容、大度、解好意、求大同、有选择、负责任。

分享：有了家长的示范，当观察到孩子交友的行为或听到孩子发表关于交友的言论时，家长一定不要急于下判断，给建议，做评价，做决定，而是需要跟孩子在情感的层面互相分享想法。如果家长过于强势地干涉孩子交朋友，会引起孩子的逆反情绪，激起孩子的抗拒心。

解惑：友情是孩子成长过程中非常重要的财富资源和营养，同伴交往需要孩子自己去体验、觉察、感悟、评估、交流、分享和求助，在这过程中孩子经常会有疑惑和困扰，此时要营造宽松的环境让孩子有处诉说并愿意求助。当孩子有困扰的时候，家长们要多站在孩子们的角度去解答，比如这样说："如果妈妈是你，遇到这样的情况，也许妈妈会怎样解决""如果是爸爸，爸爸可能会愿意如何处理"。给孩子多一些选择，让孩子从更多角度观察和解读人际关系，帮助孩子拓展自己的视野与空间。

安抚：孩子有时会在友情中受伤，这种受伤体验非常非常重要，家长此刻要及时地安抚孩子、帮助孩子疗伤，让孩子看到伤害背后的经验和教训，并帮助孩子看到自己的努力和付出，给孩子希望，让孩子相信天下没有不散的筵席，看到不同的时期不同的情谊对他的滋养和帮助；告诫孩子，不要走极端，绝不要因此而拒绝友情或选择再也不相信朋友。

不要说“你不要和某某一起玩”

于明东（心理专家）

随着孩子慢慢长大，他和其他孩子的关系就会变得越来越重要，孩子同伴关系的发展对孩子未来的生活有极其重大的影响，这关乎孩子未来能不能很好地融入社会，拥有良好的人际关系。孩子交友这方面也给家长带来了许多困扰和疑惑。有的家长担心孩子不会交往，没有朋友；有的家长又担心孩子被身边的“坏小孩”带坏，真是左右为难。

我觉得，家长对待孩子的同伴关系要抓住“尊重”“信任”“指导”三个关键词。

首先家长要尊重孩子与同伴交往的权利。有的家长怕孩子受到不良的影响，就把孩子关在家里，限制孩子的交往，这很可能会造成孩子的人际交往能力差和社会化发展不足。其次，要尊重孩子交往的同伴，哪怕他的同伴是家长不欣赏的那一类。有的家长喜欢对孩子的朋友评头论足，妄加褒贬，这常常会让孩子无法接受。无论如何，家长都不能说“你不要和某某一起玩”之类的话。这样的表达其实表现的是家长的武断和对孩子的不尊重。

“信任”：家长在孩子人际交往的过程中，要相信孩子的判断能力，相信孩子是积极向上的。老话说“不知道哪块云彩会下雨”。我们也很难知道，孩子的哪一个朋友对孩子的成长帮助最大。孩子选择同伴和朋友有着朴素的原则和标准，比如好学、乐于助人、爱劳动、爱笑等等，孩子一定不会因为一个人的缺点和这个人成为朋友。

“指导”：我们说“尊重”“信任”，并非让家长放任不管，而是要恰当地对孩子的人际交往进行指导。比如说，孩子在学校被顽皮孩子欺负时，许多家长的做法是找老师，找对方家长，或者要求调换座位，等等。其实，遇到这种情况，如果孩子自行解决得当，可以提高孩子人际能力。作为家长，除了向老师沟通情况以外，更要教给孩子具体应对的方法，让孩子有能力应对各种各样的人。

让孩子拥有孩子的交际圈

兰姐姐

每一个人都有自己的优缺点，孩子也是这样，所以更需要家长们用一种全面、长远的眼光来看待孩子的友情。成绩好的孩子有其勤奋努力的一面，但是一些成绩不好的学生身上往往也有着诸如正直、诚信、见多识广等等的优点。因此，家长对孩子交友切莫采取“一刀切”的态度，更要教给孩子一些正确识人、交友的方法和原则，只有这样才能让孩子拥有一个更好的交际圈，对孩子的未来发展也有积极的作用。

玩耍是孩子的天性，和同伴玩耍是孩子快乐的重要源泉之一。与伙伴们快乐地玩耍，是多少成人最难忘的童年回忆，而孩子的这种快乐是成人陪伴所不能取代的。同伴交往在孩子的成长中十分重要，没有朋友的孩子比考试不及格还要严重，孩子人际交往能力差比学业失败可能还要严重。随着独生子女年龄的增长，群体社会化对孩子的影响越来越显著，同伴的影响力影响着孩子个人的选择。一个人随着他的年龄增长，会越来越在意同伴的评价，特别希望让同伴对自己有一个比较好的印象。那么，如何引导孩子学会交往呢？首先是学会发现他人的长处，尊重多元文化，能够和不同的人相处。其次，要引导孩子学会相互学习。“我尊重别人，我善解人意，我愿意帮助别人，但是不等于要失去我自己，我要保持我的个性，和别人友好相处。”

兰姐姐教育三人行

“全城找孩子”折射出的教育问题

“孩子一天一夜没回家了！”近日，一则揪心的寻人启事牵动了万千市民的心，微博微信更是海量转发。结果还算有惊无险，人们在他家附近的网吧找到了出走少年。但这一突发事件，引发了我们诸多思考：暑假隐患到底该怎样防范？人们通过微信微博等社交媒体参与全城找孩子是有用还是帮倒忙？被充分“曝光”的孩子以后如何面对伙伴、家长、老师？

孩子出走的真正原因

曾莉（心理专家）

又是一个离家出走进入网吧的少年，又是因为考试成绩导致亲子关系僵硬。熟悉的故事重复地发生，这反映了这个年龄段的孩子怎样的心理？家庭教育的什么问题？家长该怎么面对？

网络依赖的孩子大多数是从网上获得了生活中无法比拟的、无法获得的快乐，才导致了精神依赖和网络成瘾。尤其是在现实的家庭、学校生活中被关注、接纳程度不高的孩子，他们更容易对网络产生依赖。网络游戏里没有批评，没有强行逼迫的压力，而新鲜的视觉感受，不断升级而产生的激励，多方面地满足了他们的心理需要，让他们流连忘返。

为什么网迷孩子中男孩居多？我认为这是因为在现在的学校教育和家庭教育中，对男孩的性别特点照顾太少所致。比如大多数男孩不喜欢安静学习，不喜欢循规蹈矩，他们好动，好斗，好冒险，好刺激，喜欢征服带来的成就感。这些需求在家庭、学校里都被压抑了，但在网络世界中却能得到满足。

家长如果要帮助这样的孩子，首先要设法修复并维护好亲子关系，不要过度疏远或过度管制孩子，更不要动辄因学习的问题打骂孩子。其次，在尊重、理解的前提下与孩子进行沟通，了解孩子的心理缺失，尽可能地弥补这些缺失，以减少孩子上网寻求满足的动因。第三，在理解的前提下，与孩子一起在现实世界中找到并用心地培养能够让他获得自尊、自信的良性的生长点，再逐渐引导，让他的自尊、自信、上进心迁移到生活的方方面面。

这不是一个一蹴而就的过程，需要帮助他的人有爱心、耐心，也要允许孩子有相当长的一段时间去探索、努力。

大人的反思更重要

高巧云（心理专家）

孩子安然无恙地回到父母身边，这已经是最好的结局。我们应该宽慰孩子，不要对孩子做太多的指责。我以为，大人的反思更重要！我儿子今年十四岁，作为母亲，伴随着孩子的成长历程，我有太多的感慨和无奈。和其他妈妈一样，我总是想给孩子最多的关爱，然而正是这种爱逐渐演变成一种代理、控制和过分保护，使得孩子缺乏知觉和意识，凡事习惯于父母替自己做决定，而缺少了敢担当、守信用、有责任的健康人格特质。久而久之，孩子不清楚自己应该做什么，不应该做什么，更不会想到作为家庭的一员，自己不是单纯的个体，还要考虑家人的感受，要为这个家承担应有的责任和义务。所以，作为父母，我们应该从日常小事培养孩子的独立能力。譬如家长生病了，要让孩子学会给自己找药，倒水；工作一天累了，可以适当示弱，让孩子给自己捶捶背、捏捏腿，让孩子学会在不同的年龄阶段做些力所能及的事情：洗衣、拖地、做简单的饭菜。这样孩子会找到自己在家庭中的价值，从而真正体会到他是家里的一分子。社会需要具有综合能力的人才，而不是只会当学霸，而丧失了独立生活能力的人。

教养孩童，我特别欣赏这样一段话："孩子，如果你长大了，我们希望你做一个敢于面对自己、知错能改的心理强大的人。做事业要讲信用，不仅仅是为了营利。先做人，后做事。当你成为父亲，一定要为家庭撑起一片天，让自己的孩子成长为有责任感的一代人，这样我们的社会才会像一个大家庭一样，没有走失，只有爱和信任。"

别好心帮了倒忙

兰姐姐

小升初对孩子来说是个重要的成长契机和拐点，这个时期孩子内心开始觉醒，会强烈地意识到他已经不是小孩了，很容易做点出格的事。而家长呢，往往认为孩子还是那个孩子，没有觉察到他生理和心理上的变化，这就导致问题和矛盾的出现。所以，孩子中小学衔接，家长也应该同步升级。

提醒家长，暑假小心孩子“变质”。“每年暑假一结束，单看孩子的眼神就会发现班里有几个孩子不一样了，有的甚至学坏了。”有经验的老师都有这样的“慧眼”。由于暑假时间比较长，特别是小升初的孩子，小学毕业了，中学还未上，“两头”没人管，如果家长一味“放羊”，孩子很容易“变质”。暑假是孩子的冒险时间。据调查，为了耍酷扮帅，孩子在这个时期抽烟、喝酒的概率会成倍增加。

好的关系胜过万千说教，暑假家长最好多陪陪孩子、补补亲情，这才是最重要的。

在“全城寻人”这个案例中，寻找孩子的方式值得商榷。在参与找孩子的过程中，微信微博等社交平台对寻人启事进行了海量转发，这当然算一种正能量的传递。但当事人，这个 12 岁的孩子被充分“曝光”了，这对孩子的心理和以后的生活肯定有影响。利大还是弊大还不一定呢！

兰姐姐教育三人行

孩子轻生，谁是无情的“剪刀手”

2018 年，有关孩子轻生的报道频频见诸报端：4 月 13 日，东营市 14 岁女生李欣玥因为剪发跟家人闹矛盾从自家五楼的窗户跳下；3 月 31 日，余杭一 18 岁的高三学生因母亲拔掉网线，与父母吵架跳楼自杀；3 月 31 日，昆明一初二女生因 42.5 元钱受到委屈，从学校三楼跳了下去，造成腰椎骨折；3 月 17 日，河北任县一初二男生因恋爱出现问题而跳楼身亡；2 月 27 日，邵阳一 16 岁高中生为“自证清白”跳楼自杀；还有上海跳桥少年……无须列举太多，每一起事件都让人痛彻心扉！

持续的挫败感让孩子“夭折”

张蕾（心理教授）

孩子为什么走极端？为什么轻视自己的生命？我们该怎样教育孩子爱惜生命，活出精彩？中小学生自杀的原因有三方面。第一个原因是缺乏效能感，当他们遇到困难、麻烦和伤害的时候，他们感到无能、无助和无奈，他们的成长目标常常是一个自己无力达到的目标，所以他们常常体验到挫败感。心理学告诉我们，人对挫折的第一反应是攻击，要么攻击给他带来挫败的对象，要么攻击自己，自责，自耻，自我否定。如果孩子在这样的心境中越陷越深，再遇到较大的刺激，老师家长又处理不当，就容易走向极端；第二个原因是缺乏归属感，孩子没有被无条件地接纳、尊重和理解，没有人与他们同流泪同欢笑，给他们内在的安全感，心灵找不到家。在与父母老师相处的时候，他们常常被考量、被比对、被挑剔，好像没有人喜欢他们，以他们为荣。遇到困扰的时候，没有人援助、支持，人就很容易垮下来。第三个原因是不乐观，不快乐。有一些令自己快乐的元素需要拼命才能赢得，比如，考出好成绩。有些快乐元素则转瞬即逝，比如玩游戏、谈恋爱，但这种短暂的快乐之后却是持续的伤害。不快乐，郁闷，觉得生活没有意思，自然也觉得生命没有意义，这是自杀的深层原因。

绕过或超越自杀本身是解决之道

李克富（心理专家）

心理学几乎可以解释人类的一切行为，但是却不能解决人类的所有问题，比如自杀。这不是心理学的无能，却成了心理学工作者的无奈。面对自杀，尤其是青少年的自杀，无论是“专家”还是“砖家”，都可以把“自杀是什么”与“为什么自杀”讲得头头是道，但是当被问及“如何降低自杀发生率”这一实质性问题时，真正的专家会瞠目结舌，那些能给出答案的其实是不折不扣的“砖家”，这是因为，到目前为止，整个人类社会——不仅是处于社会主义初级阶段的中国，也包括高度发达的资本主义国家，无论是心理学还是精神医学——都没有找到一个行之有效的能够降低自杀率的方法！

接受这样的现实要比盲目地进行缺乏科学依据的作为好得多。一个暂时不能解决的问题挡住了去路，较好的办法之一是绕过问题甚至超越问题本身。当前社会应该做的，不是盯着自杀这一病态现象，而是要挖掘每个人、每个家庭和整个社会的积极因素，比如创造宜居幸福的环境，培养孩子良好的自信心，提供足够的教育支持，构建稳定而和谐的人际关系等。这些方面已经被证明是可以有效预防人们产生自杀想法和行为的。

“因发自杀”，谁是无情的“剪刀手”？

兰姐姐

从孩子的角度来看，对死亡，他们没有深刻、明晰的认识，从一定意义上讲，他们往往不知“死活”。因为在这个浮躁的社会转型期，大家都在忙着应试，对孩子进行精英教育，认为这才是头等大事，而重中之重的生命教育却长期被搁置、被忽视。在李欣玥的世界里，头发胜过了一切，包括生命，因为头发代表了尊严。在她这个年纪，尊严感很执拗！这份尊严是有法律依据的。《未成年人保护法》明确规定未成年人享有生存权、发展权、受保护权、参与权等权利，国家根据未成年人身心发展特点给予了特殊、优先保护，保障未成年人的合法权益不受侵犯。在这部法律中，尊重未成年人的人格尊严是保护未成年人的工作应当遵循的原则。如今的教育虽然提倡个性化，但“一刀切”的现象却仍是主流。

孩子啊，生命比头发更重要！这是最浅显的道理，生命才是胜过一切的。它是今世不可再生的宝贵财富，它比头发重要、比衣服重要，比升学重要，比恋爱重要，比任何东西都重要。家长和老师应该是走在前面的人，当孩子需要的时候拉他一把，而不是做在后面催逼他的人。老师和家长都应懂得生命的复杂性和神圣性，真正地学会尊重孩子，让孩子的生活的内容丰富健康而富有意义，让孩子享受生命的美好与做人的尊贵，进而更加珍惜生命。

孩子们，热爱父母给你们的生命！教育者们，请尊重孩子们的尊严！让保护、教育、关心、爱护未成年人成为我们的实际行动，成为我们这个文明社会必须坚守的原则。

兰姐姐家庭教育 21 条

从孩子的角度来看，对生命和死亡，他们没有深刻、明晰的认识。从一定意义上讲，他们往往不知“死活”。家长和老师应该是走在孩子前面的人，当孩子需要的时候拉他一把，而不是在后面催逼他的人。家长和老师应该不断地告诉孩子：生命是胜过一切的，是今世不可再生的宝贵财富，它比升学重要，比恋爱重要，比任何东西都重要！

对话孙云晓：十大教育难题

中国青少年研究中心家庭教育首席专家孙云晓曾做客青岛晚报，通过青岛新闻网与家长们就家庭教育的热点、难点问题进行了现场交流。孙云晓特别强调，家长应该跟孩子建立一种良性关系，好的关系胜过许多教育，教育出了问题往往就是关系出了问题。兰姐姐特别摘编了部分精彩话题，希望专家的观点能给家长一些有益的帮助和启发。

问题 1：我的儿子上小学六年级，但他最近开始对异性感兴趣了。现在的孩子青春期都提前了，家长该如何对他进行青春期的教育，用何种方法更有效？

孙云晓：孩子有这种表现是很正常的。我的建议：第一，家中有一个青春期的孩子（10—20 岁），家里就要买一本性教育的书让孩子看。第二，父亲可以跟儿子进行一番坦诚的谈话，讲一些性教育的知识，一定不要羞羞答答，也不要吞吞吐吐，母亲也可以对女儿有一番谈话，首先要祝贺孩子长大了。交流的时候要把性的发育当一件美好的事情来说，千万别把它说成肮脏的、见不得人的事。

问题 2：我儿子过去学习一直不错，今年我们夫妻离婚了，虽然孩子表面看不出什么，但他的成绩却一落千丈。今年儿子刚参加完中考，如果他的成绩不好，儿子会不会怨我？

孙云晓：对中学生来说，父母准备离婚的事情应该当时让他知道，甚至应该征求他的意见，让他理解父母的离婚是父母的一种权利，但这并不意味着失去父母，父母依然会关爱他。事实上，只要给孩子提供一个良好的成长环境，许多单亲家庭的孩子是可以健康成长的。孩子的心理有问题，就会影响他的学习和生活，所以要从根本上解决问题。

问题 3：朋友 13 岁的女儿恋父情结挺严重，如何解决？

孙云晓：先不要下结论，女孩容易依恋父亲，男孩容易依恋母亲，这是正常的。我的建议是：父母既要保持与孩子的亲密关系，又要保持一些分寸，并且创造一些让孩子感受外部世界的机会，特别是让她与同伴建立起良好的关系。同伴关系是极为重要的社会化条件，也是走出恋父恋母情结的途径之一。

问题 4：孩子撒谎、偷钱且屡教不改怎么办？

孙云晓：儿童撒谎有两个主要的原因：一是怕说真话受到惩罚，二是为了逃脱困境。所以孩子说实话以后千万不能打他，否则他就会总说谎话。另外，你的孩子没有零花钱吗？适当地给孩子一点零花钱是有必要的，以便把不正常的行为引导到正当的需求满足上。

问题 5：孩子自尊心太强，经不起挫折怎么办？

孙云晓：孩子既需要表扬也需要批评。没有批评的教育是不负责任的教育，也是缺钙的教育和危险的教育。经受不起挫折和批评的孩子是危险的。当然，惩罚教育不是体罚，更不是侮辱，而是唤醒孩子心中沉睡的巨人，让孩子对自己的过失负责任，只有体验到挫折和责任的孩子才能长大。

问题6：我的儿子有拿别人东西的习惯，其实我家经济条件不错，儿子也不缺钱。问他，他说看见别人的东西就想拿，否则心里难受。这是不是病？

孙云晓：你的孩子是小学生吗？小学生拿别人的东西不能简单地认为是小偷行为，可能是心理问题。如果确实是心理问题，可以对孩子进行一下心理治疗。也许连心理问题都不是，只是孩子处理不好自己与别人的关系，家长引导一下就可以解决。最重要的是不能给孩子贴标签，如说他是小偷。因为你说他是小偷，他就可能在潜意识里产生认同，那就麻烦了。

问题7：如果孩子对父母有抵触情绪，应如何改变？

孙云晓：最好的方法让孩子说明理由，看孩子讲得是否有道理。我的观点是：好的关系胜过许多教育，教育出了问题往往就是关系出了问题。

问题8：我的孩子做事慢腾腾，还总喜欢按自己的意识做事。比方说，早晨起床后不穿衣服，先看书或者玩一会儿，怎么催也不行。这样的孩子应该怎么对待？

孙云晓：磨蹭是儿童的一个特点，父母说得越多越没有教育效果，重要的是培养孩子的良好习惯。日本教育家说得好："家庭是习惯的学校，父母是习惯的老师。"美国人认为，21天能养成一个习惯，而习惯是训练出来的。

问题 9：孩子刚 6 岁，逆反心理特别强，该怎么办？

孙云晓：这是正常现象。值得注意的是，孩子虽小，大人要学会与他讲道理，谁说得对就听谁的。我有一个发现，很多时候孩子是讲道理的，而大人常常不讲道理，大人有时候比孩子还任性。逆反心理强的孩子，也可能有个性，要看他说得是否有道理，要了解他合理的要求并培养他坚持的韧性。

问题 10：现在孩子越来越难教育，不知道他的小脑袋在想什么，有时候我们家长恨不得变成小虫子钻到他的脑袋里看看，看他到底想什么。

孙云晓：可惜我们不是孙悟空。我的建议是，教育孩子的前提是了解孩子，孩子不听话一定是有原因的，如：他认为大人说得不对，或者是他听不懂大人的话，等等。只有对症下药才会有好的效果。

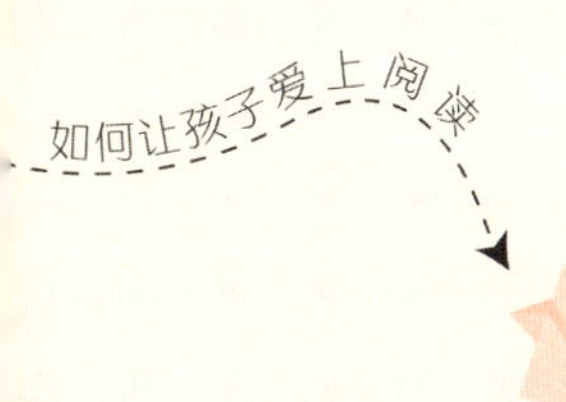

学习好其实并不难

愿此生你比我强大

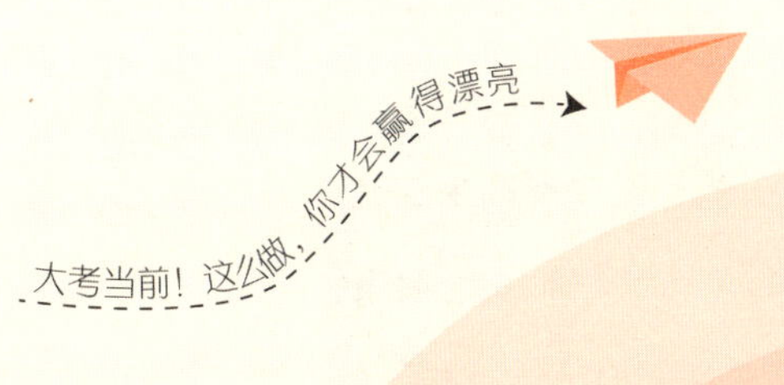

小心“瓦伦达效应”

学习哪有那么难——好成绩要从外围突破

“你说说，我儿子见人有礼貌，也没有不良嗜好，可就是学习不好。提起来我就上火！”市民于先生的这些话很有代表性。兰姐姐发现，生活中有些家长事业上风生水起、红红火火，可在教育孩子方面却一塌糊涂，孩子成绩也不理想，这让他们很“受伤”。

青岛市妇联特别邀请知名教育专家王金战在青岛大学艺术厅举行了专场家教讲座，这期间他接受了兰姐姐的专访。王金战从教三十多年，是著名的教育专家，曾任班主任、教导主任、校长等职，积累了丰富的教学管理经验。他曾就职于青岛二中，担任教导处主任。就职于北京人大附中时，他带的一个班里共55名学生，有37人考进了清华、北大，10人进了英国剑桥大学、牛津大学、美国耶鲁大学等名校。他被评选为“中国教育界领军人物”“全国十大名牌教师”。

珍惜孩子三分钟热度

好多家长反映，孩子经常制订计划，却总是完不成。有的孩子还在自己的房间里张贴标语“刺激”自己，可没过几天就偃旗息鼓了，家长也没什么对策。王金战表示，其实孩子经常制订计划是其积极向上的表现。至少订下计划，孩子对自己的行为就有了一定的规范。

基本没有不制订计划的孩子，也基本没有能完成计划的孩子。家长不要因为孩子完成不了计划，就批评他制订计划的行为，这是把优点当缺点了。“三分钟热度”现象是正常的，家长们不必苛求。在完成计划的过程中，不可控的因素很多。王金战老师常常和学生们讲，学习中一旦出现难题、错题，机会就来了。停下你匆匆的脚步，认真地反思：为什么会错？怎么错的？问题出在哪儿了？它们在向你招手了，你赶紧停下来，在这个地方细细钻研，慢慢挖掘。今天把问题解决了，以后的成绩就逐步提上来了。孩子们做计划，家长们应该鼓励，帮助他们从做计划、执行计划的过程中训练高效的思维品质，从而影响到生活的方方面面。当然，计划有时做得太完美了，即使孩子完不成也不要让他产生一种挫折感。

好成绩要从外围突破

王金战提醒家长，要想让孩子更有竞争力，在孩子小学阶段，第一要注重的是孩子的习惯养成，第二要注重的是思维开发，第三要注重的是前程设计。到了中学，就是要培养孩子健全的人格、张扬的个性、与人为善的交往能力和明确的责任意识。

很多家长埋怨："我的孩子不学习，光看课外书。什么《哈利·波特》《水浒传》，读那些东西能提高学习成绩吗？"

“多读课外书能让孩子的发展充满后劲。”王金战说，“解决一个问题，是从一个点着手容易，还是从一个面入手容易？从一般的道理来讲，似乎是解决一个点容易。但是，在孩子的成长道路上，恰好相反。解决点比较难，解决面反而更容易。面的问题解决了，点就不攻自破了。家长为了孩子的升学，越是千方百计盯着他的分数，他的学习成绩越上不去，还容易造成孩子性格孤僻。把单纯追求学习成绩这件事放一放，从外围开始突破，抓孩子的综合素质，更容易‘柳暗花明又一村’。”

“教育就是这么神奇，最怕功利性。天天读课本，重复做题，这种做法无异于‘自我设限’，培养出来的孩子越成长越没有竞争力。这是我当教师、做家长多年的经验。”

成绩起伏是件“好事”

“我的孩子学习很用功，每晚 12 点左右才睡觉，可考试成绩很不稳定，忽高忽低，孩子心理压力大，家长也干着急。”有个妈妈焦急地问了这样一个问题。王金战表示：“首先要强调的是成绩起伏是件好事。为什么这样讲呢？因为孩子的成长过程和大自然规律是相通的，月盈则亏，潮起潮落。正是因为学习过程跌宕起伏，孩子才能发现问题，查找漏洞；才有可能练就孩子顽强的意志和走出困境的能力。这次没考好，孩子肯定要痛苦，还得反思，危机后的反思就是一种财富。”

“我们追求一个完美的结果，而不是一个完美的过程，正因为过程的跌宕起伏，才造就了结果的完美无缺。从这一点来讲，孩子学习过程中一定要有起伏，这样孩子受得起成功的喜悦，也能抗得住失败的打击。成有成的快乐，败有败的锻炼。考好了说明孩子进步了，让他体会成功的喜悦，同时告诫孩子，注意潜藏的危机；考差了一定要鼓励孩子，那是上帝给你的又一次机会，让你发现了更多的问题，练就解决这些问题的能力，于是，下一步的目标就更明确了。”

兰姐姐家庭教育21条

一个成年人心里空洞，缺乏安全感和爱，是件非常可怕的事，哪怕他事业有成、权重多金。“安心银行”是父母给孩子存放爱的银行。每一次美好的相伴、幸福的体验都是在存“钱”，每一次不当的教育伤害、争吵就是在花“钱”。等到孩子长大成人，如果他的安心银行存款非常充裕，那么他面对以后的人生就能从容对待，哪怕遭遇人间疾苦也能悦纳前行。而相反，如果孩子的安心银行余额不足，甚至欠费，就会后患无穷。

小心“瓦伦达效应”，考生心理当自强

“老是想着考砸了的严重后果，有时还做梦，梦见爸爸妈妈愁眉苦脸，自己无学可上！”面临大考，有些考生越到最后关头越有点抻不住了。越临近大考，平和的心态就越重要。在冲刺阶段，你和对手比的就是心态。

“瓦伦达效应”发作，后果很严重!

“太关注事情的结果，往往会事与愿违！”心理博士赵爽孜表示，就这些考生的状况来看，他们是走进了“瓦伦达效应”的误区。心理学上有一条著名的理论：“瓦伦达效应”。瓦伦达是美国著名的高空走钢索的表演者，他在一次重大的表演中，不幸失足身亡。他的妻子事后说：“我知道这一次一定要出事，因为他上场前总是不停地说：‘这次太重要了，不能失败。’而以前每次表演，他总想着走钢索这件事本身，而不去管这件事成败后可能带来的一切。”后来，人们就把不专注于事情本身，总是对结果患得患失的心态，叫作“瓦伦达效应”。

只关注事情的本身，往往会有所作为。考前调整好心态，保持适度的焦虑。专注于备考本身，少想大考后续的事。内心越渴望考出好成绩，就越发担心自己考不好，甚至每次考试前就否定了自己，考场上就愈发难以正常运用已掌握的知识，无法正常发挥出自己应有的水平。

“想多了”成为考生焦虑的根源所在

但求耕耘，莫问结果，这是冲刺阶段考生最好的应试心态。因为多想无益，全力专注于复习才是正经事！最有效的方法是：少想多做，让自己忙起来！

兰姐姐发现，进入考季，不少考生心理压力增大。其实，减压最有效的方法是——让自己忙起来！感觉压力大的人往往想得多、做得少，减压的最好办法就是少想、多做。这段时间，要让自己尽可能“单纯”起来，做好每周甚至每天的计划，把时间安排得满满当当，让自己过得充实一些，尽可能少胡思乱想。建议适当参与体育运动或听听音乐放松一下。

空前的紧张空气往往由“家长制造”

临近中高考，家长比孩子还焦虑，因为家长想得更多！在现实生活中，很多人做事情总是想得太多，太在乎事情成败所带来的结果，太在乎自己的面子和别人的看法，却恰恰忽略了事情本身。大脑整天被各种欲望塞得满满的，心理上背负了各种重压。在这样的重荷下，能把事情做好吗？有些家庭把孩子的中高考当成了头等大事，在家里也制造空前紧张的氛围。实际上，复习备考是考生自己的事，家长要“收敛”自己的焦虑，不要管得太具体。冲刺阶段，孩子学习压力和心理压力都会相应地加大，在家里，家长要控制住自己的焦虑，让孩子有独立思考的时间和空间。

法拉第说过这样一句话：“拼命去换取成功，但不希望一定会成功，结果往往会成功。”具有如此的心态可能更有助于孩子成为大考中的黑马。

中考作文如何奏响“欢乐颂”

“考试中最控制不住、最会发生变数的就是作文啦！”作文被喻为语文考试的“半壁江山”，是“含金量”最高的一道大题。那么，考场作文如何得高分，奏响“欢乐颂”呢？分析往年中考作文中失分的原因，把它作为前车之鉴，对后来的莘莘学子来说是大有裨益的。近年来，兰姐姐采访了诸多参与中考阅卷的一线语文老师，并做了大数据分析，听听他们的经验之谈吧。

作文分数是这样“跑漏滴冒”的

中考作文有严格的评分标准，作文分不同的等级。一篇作文一般是由两个老师分别批阅，不在卷面上打分，取两个老师的平均分作为作文的最后成绩。如果两个分数差过大，需提交阅卷小组重新审批。老师们的阅卷时间都很紧张，平均批一篇600字的考场作文最多用几分钟而已。阅卷老师很注重整体感觉，字迹模糊，题目不醒目，结构是三大段式，这样的作文永远进不了一类文。这也是作文分数“跑漏滴冒”的关键所在。

还有相当一部分考生行文缺乏真情实感，思想性差。写得不痛不痒的文章难以引起阅卷老师的好感。阅卷老师反映，失分最冤枉的问题就是考生的书面问题了，好多学生字迹潦草、多处涂改，很容易吃暗亏。

内容为王：中高考作文越来越“走心”

近年的作文题目多是“有我”之题，从偏重宏观世界到关注自我成长的理性追求，这样的变化在中高考作文中已经凸显出来。这种现象发出一个信号：中高考作文正在变得更加“走心”和贴近现实。从阅卷分析的大数据来看，煽情的“鸡汤文”离高分甚远，富有理性和思辨力的哲理散文和议论文更易获得阅卷老师的青睐。

兰姐姐提醒，以改变和架构社会责任体系为思想核心布局作文选题和选材，是一条有效的写作路径。特别是中考，围绕着“痛并快乐着的自我成长”主题构建作文是内容上的黄金法则。

不熟不作：捕捉平凡生活中的闪光点

兰姐姐提醒，考场作文必须体现积极向上的人生观，切忌低俗或偏激。不要写危险题材，也不要有过多的负面情绪，要写出个性。考场作文虽鼓励创新，但最好稳扎稳打，对不熟悉的题材和体裁要慎重选择。保险的做法是在择旧的基础上适度创新。

好多人信奉距离产生美，生活中我们常常会遇上这样的现象：人们对于身边的事物往往不以为意，反而钟情于难以企及的东西。考场作文中，建议同学们怀着一颗平常心去审美，善于寻找生活的真善美，善于用自己的眼睛去看司空见惯的东西，在平平淡淡的东西上发现美。

划重点

现在的中高考作文注重考察孩子的家国情怀、视野阅历、媒介素养、生活力、思辨力，而这些，单凭课本学习是远远不够的，需要在课外学习中进一步提升自我修养。全面提升学生的综合素养也是兰姐姐大语文观的终极目标！

大考当前，这么做，你才会赢得漂亮

进入六月，中高考就指日可待了。兰姐姐特别提醒：往年，一些应考意外总是接二连三地发生，这几乎成了每年中高考的“惯例”，比如忘带准考证，突然肚子疼，作文没写完……考试成功与否不仅取决于学生对知识的掌握程度，还取决于考前及考试过程中他们对每一个环节的应对。为此，兰姐姐采访了有经验的一线送考老师和优秀的“过来人”，从不同角度谈谈如何科学应考，为考生们助力。

要点 1　备考“白 + 黑”：按考试顺序复习

在考前几天，考生一定要调整好自己的作息时间。最后一周，不少同学在家备考，自主的时间会很多，所以学习和休息的节奏千万不要紊乱。特别要注意劳逸结合、张弛有度，不要再熬夜看书，把自己调整到精力充沛、头脑清醒的最佳状态。建议白天按考试顺序安排复习时间。比如，考语文的时间就复习语文，考数学的时间就复习数学，这样到大考的时候，思维比较顺。

兰姐姐建议，考试期间，应该按照“平时如考时，考时如平时”的原则来度过。考前一天和考试期间仍和平时一样复习，入眠时间不宜太早，也不能过晚。不要再大量背书，更不要熬夜。注意饮食，防止感冒，要保持良好的情绪和充沛的体力。

要点 2　考前准备：家长千万别“代劳”

往年考前好多家长都会为孩子准备考试物品，结果常常出现遗漏，因为毕竟家长不十分了解考试中具体要使用什么工具。老师们建议一定让孩子亲自动手准备考试物品，这样他心里有数，用起来也得心应手。

准考证、文具等可以放入透明的塑料袋或文件袋中，以防丢失、遗忘。铅笔最好削成扁扁的“鸭嘴”形，涂卡时，一抹就可覆盖选项。

另外，考试期间，考生最好提前半小时到考场，既不用担心迟到，也能和同学聊聊天，互相鼓励，太早到或卡着点到都不合适。

要点3　考场紧张：勿背上违纪的黑锅

考生切勿携带各种通信工具和电子设备。涂改液、修正带等物品也严禁带入考场。如果违规以作弊论处。考场内不得自行传递文具、用品等，否则，会背上违纪的黑锅！

进入考场难免紧张，象征性喝水有助减压！部分考生平时上课有带水的习惯，带上自己习惯的水杯，也可以起到心理暗示的作用；遇到卡壳的题，象征性地喝口水，放松一下。注意不要喝水喝得太多，考场上跑厕所容易乱了阵脚。

考生还要把握好时间。每年都有很多考生由于写作文先写在草稿纸上，导致最后时间紧张，来不及誊写。这点需要特别提醒！

要点4　应试对策："网阅"答题要规范

拿到试卷后，按照监考老师要求，先检查试卷是否完整、清晰，有没有错印、漏印，以免造成不必要的损失。答题前，先在试卷和答题卡上清楚地填写自己的姓名、考号，不要因为时间仓促造成漏填、错填。

卷面方面，不要求字写得多么漂亮，但字迹必须工整，让阅卷教师一目了然。网上阅卷，考生一定要熟悉答题卡的格式，切不可把题答错位置或答到题框以外，遇到作图题先用铅笔作图再用碳素笔描，选做题注意填、涂的题号和所做的题一致。

要点5　考试心理：中高考只是一座小山丘

考试期间，考生们应该按照"平时如考时，考时如平时"的原则来度过。考完一门后，同学之间不要对答案，父母也不要询问孩子所考科目的情况。考一门丢一门，考生不要有心理包袱。如果对答案，万一得知做错了，就会因为懊恼丧失对下一门考试的信心，增加心理负担。

张鑫渝是往年高考的优秀考生，目前是清华大学大一学生，他特别提醒，高考当天，考生应给自己一些良性的心理暗示，这有助于高考发挥。以“过来人”的眼光看，中高考不过是人生中的一座小山丘。但当这个山丘离人足够近，也足以“一山障目”，占据人的全部视线。

要点 6　考生家长：做好这些事就足够了

好多家长在孩子考试期间，除了孩子的事，其他事都放下了，有的还专门请假要去送考，其实大可不必。想要给孩子做好最坚实的后盾，家长的首要任务是“过平常日子”。父母生活方式上的一丁点儿改变，都可能无形中给孩子增加压力。家长如果要送考，送到考点门口即可，没有必要一直守候在考场外。

考试期间的饮食方面，专家提醒家长，切勿让考生过量增加营养。临近考试，如何让孩子吃得好，吃得健康？这个方面应遵循“均衡营养”的膳食原则，多吃当季的食物，多喝水。不宜大鱼大肉或者尝试新奇且昂贵的蔬菜、水果和零食等，这样容易引发食物过敏，还可能增加考生的心理负担。饮食尽量按孩子的习惯来，尽量避免喝一些特殊的饮料，容易扰乱肠胃。

兰姐姐教育三人行

中等生的出路在哪里

“我在班里是一个可有可无的孩子，各方面都平平，给爸妈和老师争不了光。我知道妈妈对此很焦虑，只是她不说，但我看得出来。难道做个中等生很丢人吗？”初二学生小惠给兰姐姐发来邮件，诉说自己的郁闷。

的确，在学校里，往往有这么一类学生，他们在各方面的表现都比较平庸。他们学习成绩平平，不像优等生那样鹤立鸡群，也不像后进生那样让人着急生气。这些“中等生”被人形象地称为“灰色学生”。说他们“灰色”，并不是说他们在智力上有欠缺，他们欠缺的其实是“阳光”。因此，关注他们的现状，关注他们的成长，对这个庞大的“中等生”群体来说，至关重要。

中等生幸福指数更高

李克富（心理专家）

按照成绩将学生划分等级，凸显了教育者的霸气，却也很客观地反映出不同学生群体存在的事实。毕竟，我们生活的这个星球上从来就没有真正太平过，也绝对不存在所谓的平等。只要有人的地方，就会分出三六九等，学生群体当然不能例外。

划分等级本来是管理者的需要，但由于身处弱势，被分等者却会不自觉地满足并维持这种需要。心理和教育工作者早就发现，在一个班级内，作为管理者的老师，通常借助于对落后生的批评和“教育”来为中等生敲响警钟以促使其更进一步，这个时候，那些学习自觉的优秀生们则会快马加鞭，越来越优秀。于是，等级之间的界限越来越明显。在这样一个班级中，90%以上的批评被落后生承载，相应比例的表扬则落在了优秀生头上，而那些中等生们——他们是班级中的多数，面临着最小的外部压力，从而较好地保持了自己的天性，也具有较高的心理健康水平。由此而带来的结果是，他们具有更高的幸福指数。

很想告诉家长们，孩子被等级化是无法避免的，但无论是中等还是落后或优秀，他们一定比其父辈更适应未来的生活，因为未来属于他们。

成绩中等并不代表不优秀

刘晓梅（知名校长）

有人曾说，中等生生活在“阳光”撒播不到的角落，行走在教育遗忘的边缘。其实不然，“中等生”是一个班级的中坚力量，“中等生”人数占一个班人数的大部分，他们思想活跃，在某一方面有着自己特殊的才华，更需要老师和家长的关心和鼓励。总体讲，中等生学习成绩平平、安分守己、默默无闻，属于“听话”一族，但他们大都缺乏主见，缺乏强烈的竞争意识、缺乏刻苦学习的意志和毅力，还缺乏在集体生活中唱“主角”的机会，往往会形成目标观念差、控制能力弱、从众意识强的消极心理。

身为“中等生”孩子的家长，千万不能气馁，更不要经常通过攀比来打击孩子。千万不要过度关注孩子学习成绩，把孩子培养成为一个正直、诚实、善良、乐观豁达的人比提高学习成绩更为重要。因为这是孩子成才的重要基础。今天的成绩中等并不代表明天他们会沦为平庸，“中等生”往往后劲儿十足，家长要学会理解、尊重、坚持和等待。中等生自身也要调节学习压力，掌握适合自己的学习方法，努力补救学科发展不均衡的状况，强化自我监督能力。教师要激励每个中等生：把每一个简单的环节做好做足是成功的最好诀窍，成功就蕴含在每天的坚持和努力中。

教育乱象映衬家长焦虑

兰姐姐

一篇“23 号中等生”的帖子曾经在网络上引起了热议。文章讲述了一个学习成绩中等的普通学生，被称为“23 号”，却用最质朴的语言、最真诚的行动，俘获了老师、同学和母亲的心，成了大家最欣赏的人。考试永远得 23 名的女儿告诉妈妈：“我不想成为英雄，我想成为坐在路边鼓掌的人。”女儿的回答让这位母亲明白，世间多少人都渴望成为英雄，最终却成了烟火红尘里的平凡人。教育孩子最好的方式，就是让她快乐，过自己想要的生活。

有多少优秀的孩子被埋没在考分中？“求学就是求分数”这个观念一直影响着家长，“品学兼优”四个字大家只看重“学”，而忽略了“品”，所以大家口中的“中等生”他们或许并不中等。当我们大人不再偏执地关注分数时，就会发现，每个孩子都有他的可爱之处。

在任何学校，中等生都是最大的一个群体，但学校教育大多主张“抓两头促中间”，尖子生和落后生备受老师关注，而中等生常常被忽视忽略。其实，“抓中间促两头”可能对孩子的成长更有实效。无论在学校老师还是家长看来，这些中等生可上可下，或许推一把就能成为优等生，而这一切的判断标准还是学生成绩。对中等生困惑的背后是社会的激烈竞争，大家已经分不清教育是为了提高素质，还是为了改变身份。这些乱象映衬的是家长的焦虑，还有社会的心浮气躁。

如何让孩子爱上阅读

近年来，“大语文”“整本书阅读”“专题性阅读”等新兴阅读方式层出不穷。如何引导青少年阅读？对义务教育学习阶段的学生和即将面临高考的学生，教育者们又有哪些提升阅读能力的建议？

阅读是一场成长之旅

“在阅读面前，我们永远是毕不了业的小学生。在成长面前，我们是永远长不大的孩子。”

阅读可以凝聚精神内核。阅读的美感可以用 8 个字概括：洞见、妙赏、玄心、深情。“洞见”的过程分为三个层面：见世界，见众生，见自我。见世界，即学生的阅读过程是对视野的开疆扩土；见众生，即在阅读文学作品时可以窥见世间冷暖；见自我，即在阅读的过程中，能够学会接纳自然，接纳世界，接纳自我。“妙赏”，即发现文学作品中流淌出的自然、淳朴的韵律之美。文字的真实与流畅细思极妙，回味无穷。比如当下流行的网络用语“秀恩爱死得快”，如果用博大精深的文言文来表达，则是“爱而不藏，自取其亡”；比如“有钱任性”则对应着“家有千金，行止由心”。“妙赏”浸润在文字中，阅读就成为一个赏心悦目的过程。“玄心”即走心。阅读时，我们仿佛感觉不到时间的流逝，完全与文学作品中的人物共处一个时空，与书中的世界融为一体，是为心流。阅读正是达到心流状态的途径。“深情”，即读者与作者和文学作品中的人物产生共情。文字作为表达情感的载体，是实现读者与作者共情通感的桥梁。学生在阅读的过程中，实现了和作者情感上的交流，也让学生学会了换位思考。

要从小给孩子培养“大语文”观。传统意义上的语文学习主要指的是拼音与识字、组词与造句、现代文阅读和作文等，多以语言学习和应试为主要目标。而“大语文”观则是用更大的格局和更长远的眼光看待语文学习的过程，将语文的学习对象从语言拓展到文学、文化、艺术、历史等更广阔的空间。在阅读的过程中，学生不仅仅局限于了解段落章节、中心思想等“其然”层面的内容，更要理解作者和他的写作背景与过程，以及与文章内容有关的知识等“所以然”层面的知识。这种“阅读综合”，应该是伴随着孩子一生成长的经历，它可以帮助孩子形成正确的世界观、人生观、价值观。

轻松破解阅读难题

“家长与孩子共同参与到阅读中来，共同读一本书”，这个共同学习、共同成长的过程，我们称之为“全息场景式阅读”。阅读由外及内分为三个层面：首先是技巧层面，这是实现阅读的基础；其次是阅读的体验和积累层面，这是培养和提升学生内觉力的关键过程；最核心的部分是知识内化的层面，这将直接影响学生成长并助其形成独立思考能力。

在全息场景式阅读中，兰姐姐给家长几条建议：第一，学生与家长共同参与时，家长要为孩子提供发表观点的舞台。在亲子共读的过程中，家长不要急于把所谓“正确的”价值观施加给孩子，要给他表达自我的空间，在家庭中形成思辨的氛围。学生和家长在思辨的过程中，观点越讨论越明晰，这对孩子思维的发展、语言的表达能力，以及阅读能力的提升都十分有帮助。同时，孩子的观点对家长也是一种新的启发。第二，鼓励家长和学生分角色扮演文学作品中的人物。在“家庭小剧场”中分角色饰演或者分角色朗读，身临其境、有参与感的阅读相比于一般阅读更加丰富和饱满。第三，改写文学作品、戏剧和电影的结局，或者引导孩子来写续集，这将有助于培养孩子的发散性思维和想象力。最后，兰姐姐建议家长鼓励和引导孩子养成写读书笔记的好习惯。通过写日记和读书笔记的形式，引导孩子用文字表达和记录情绪。一个善用文字记录心声的人，思想会更加富有内涵和质感，除此之外，写作也是排遣心理压力的有效途径。

兰姐姐家庭教育 21 条

场景教育是一种生活教育，最高阶是不言而教，也是我们平常说的身教重于言教。这是一份安静的成长力量。教育和大自然的规律一样，那个被陪伴过、充分地淋漓尽致地玩过的孩子，时候到了，生命自然会美美绽放！

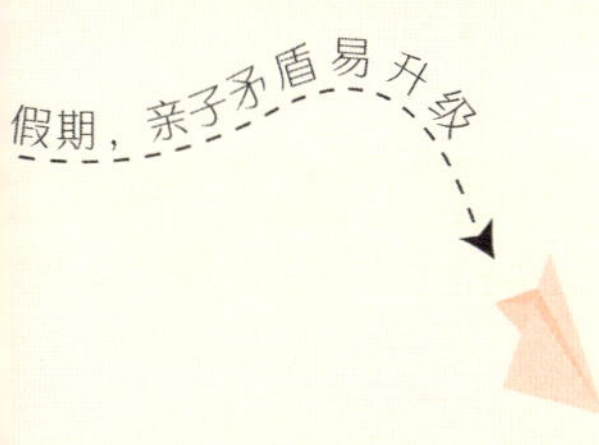

如何帮助孩子规划假期

愿此生你比我强大

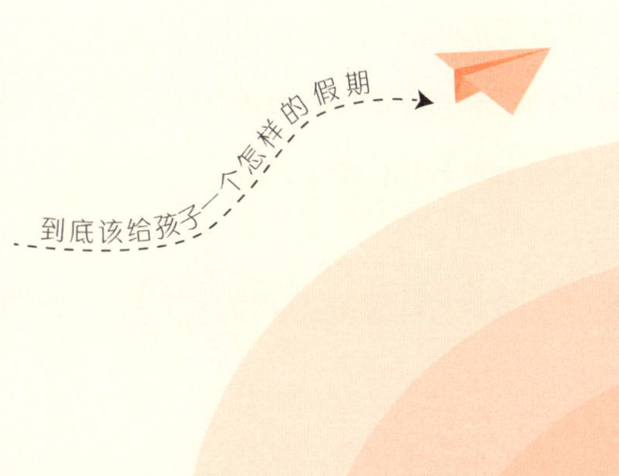

国外孩子如何过暑假

兰姐姐教育三人行

假期，亲子矛盾易升级

“我妈真要命，我一玩游戏，她就叨叨个不停，像上了弦一样！我已经好几天不和她说话了！”初二男生小宇向兰姐姐诉说自己的郁闷。假期里，除了玩游戏让妈妈很不爽，他和同学出去玩，妈妈也不停地打电话催他回家。“弄得我在同学面前很没面子！”

放假了，孩子和父母相处的时间相对多一些，这本来应该是亲子交流的大好时机，但据了解，这一时期亲子矛盾也容易集中爆发，父母和孩子互相看不上眼，导致亲子冲突升级的例子也不在少数。

父母请放松一点

曾莉（心理专家）

暑假里没有上课时间约束和学习任务约束，孩子易放松和懒散。亲子之间在时间、空间上骤然紧密的相处也增加了摩擦的机会。亲子关系若因管制和反抗而变成猫和老鼠的关系，就会导致敌对、内耗，彼此疲惫不堪，更会压制孩子的自我成长。那应该如何让暑期轻松有益，亲子关系快乐和谐呢？

首先暑假的生活内容应是广泛的，学习、交往、健身、游历皆在其中。一个孩子持续发展的前提是身心健康、人格健全，而广泛的人际交往和生活游历，甚至上网、看电视，都是学校生活中无法接触到的学习途径，孩子们从中可以获取很多有利于成长的元素。因此家长要放轻松，不要一看到孩子“触电”就上火。其次要客观看待学习的量与质的关系。方法、动力、能力等学习的灵魂，比知识积累和练习更重要。要教育孩子“不必抓住每一分钟学习，但要抓住学习的每一分钟”。至于是否让孩子上暑期辅导班，上什么样的辅导班，要视孩子的情况而定。“多学、早学总比少学、晚学好”的理论和“人家的孩子都在上辅导班，咱也不能不上”的焦虑很容易让家长从众而忽视了孩子本身的状况。当孩子因缺乏主动性而“学而不思”“当一天和尚撞一天钟”也难有好效果。做心态放松的父母至关重要，本着理解、务实、信任的态度，当孩子一时做不好时，父母要给孩子一定的成长空间，让孩子逐渐由他律过渡到自律，这也是家庭教育的最终目的。

不良沟通都是单向的

辛园（学管处主任）

家长和孩子的关系，打个不恰当的比方，就像《猫和老鼠》里汤姆和杰瑞的关系，谁也离不开谁，有时和睦相处，有时也互相斗争，直到孩子成立自己的家庭，这种关系也会存在，只不过“斗争”方式有所不同罢了。其实推而广之，老师和学生也是这种关系。

家长和孩子沟通时要注意沟通方式。很多家长特别是女性家长，有时候沟通方式是唠叨，这样很容易让自己的焦虑情绪影响到孩子。其实多说无益，不需要把睡懒觉和语文成绩不好联系起来，就说睡懒觉问题，就事论事，反倒会取得更好效果。另外，幽默也是化解矛盾的一种手段。家长要经常反思一下：是否我们只是让孩子充当了倾听的对象？家长和孩子间很多沟通都是单向的。作息有规律是个好习惯，孩子能否养成这个好习惯，就看家长是否态度坚决，意志坚定。家长的态度坚决、意志坚定，孩子好习惯养成的情况就会有好转。当然，有时家长本身也有作息不规律问题，孩子只是效仿罢了，家长可要以身作则啊。

学生中疯传的对付老妈的攻略

兰姐姐

一篇《暑假防止和老妈发生冲突的全天攻略》的文章在网上疯传，学生网友大呼总结到心坎上了。网友们纷纷吐槽：“暑假就指望着这‘神帖’和老妈过招啦！”“攻略”对学生暑假在家的全天作息安排给出了详细建议。比如：第一条，早起的孩子不惹妈，懒觉在假期里还是少睡为妙，不然这很有可能引起与老妈的冲突。早起了，也并不是让你在床上傻坐或玩电脑，而是要执行第二条：主动一点，给老妈献个殷勤，例如买个早点，买个菜。做到了以上两点，基本上就为这一天老妈对你的态度奠定了良好的基础，即使对你没有好感，也起码是没有反感……

其实孩子追捧这个帖子并不是想把矛头指向妈妈一方，而是希望讨妈妈的欢心。这也说明孩子的情商在不断提高。有些妈妈在孩子心中成了“祥林嫂”，那叫一个唠叨；而青春期的孩子又总是高歌“我的青春我做主”，因此亲子之间容易矛盾不断。正是因为两代人的要求不同，孩子们才会总结出如此详细的攻略。

父母在孩子的成长过程中，关注更多的是孩子的吃穿以及智能发展，孩子的情商发展和情感需求往往被忽略。父母应该尊重孩子的心理需求，多理解，多沟通。

兰姐姐教育三人行

到底该让孩子怎样度过假期

是让孩子独自在家当“宅童”，还是把他们“扔”到培训班？暑假将至，好多家长开始纠结，到底该让孩子怎样度过假期？以往，我们发现不少孩子度过假期的方式走向了两个极端：其一是做“学海无涯”的“上学族”，其二是当玩够玩透的“放羊娃”。事实上，暑假正是培养孩子自我教育能力的大好时机，家长应多花点心思，帮助孩子过一个充实的暑假。

鼓励孩子建立“群生活”

孙云晓（青少年成长专家）

我们发现，暑假不少孩子窝在家里，成了不折不扣的宅男宅女。这样做，开学后，孩子就会出现诸多的暑假“后遗症”和“综合征”。在这里我要强调的是，暑假最好让孩子的生活不同于上学时。暑假是孩子接触社会，交流交际的大好时机。心理学上认为，孩子长大的过程是一个社会化的过程，社会化的过程有两个显著的特点：第一个特点是群体性，就是说孩子长大，就要在群体的交往中长大，再好的父母都不能代替伙伴。第二个特点是实践性，孩子是通过亲身体验去明白道理的。他离不开实践，同伴的交往本身也是实践。

许多家长可能有这样的感觉：孩子在小的时候依赖父母，听从父母的指挥。孩子长大一点后，渐渐开始脱离父母的视线，跟同伴在一起的时间多了起来。孩子们在一起，会找到很多相同的兴趣点和兴奋点，甚至一下子就能找到共同的话题。可以说，孩子是天生“爱扎堆”的。暑假孩子一个人宅在家中，主要是由于独生子女从小缺少与伙伴玩的体验，而现在的居住环境基本都是单元楼，本身就是封闭式的，这就造成我们的社会由熟人社会转变为陌生人社会，让许多家长没有安全感，加上家长对孩子的溺爱，很怕孩子在外面会受委屈，会不安全，这种过度保护的心理让家长不敢放手，不能鼓励孩子自由地与伙伴交往。

给家长的建议是，除了让孩子参加优质夏令营以外，还可以把亲朋好友家的孩子组织起来，让孩子们轮流到其中一家生活一天。其实孩子特别愿意到别人家去，对孩子来说，别人家的饭好吃，别人家的床睡着舒服。这样做能让独生子女体会到兄弟姐妹的亲情。当然还有很多种别的方式，比方说通过拓展训练培养孩子团队精神等。学校也可以组织不同的学习小组，鼓励孩子在一起学习。

暑假是“充电”的黄金时期

赵静怡（优秀班主任）

暑假时，高一新生面临初高中衔接，准高三学生需要适应高三节奏，因此，暑假是学生“充电”的黄金时期。对没有学好或者学得不透、存在知识上缺陷的薄弱学科，学生可以针对自身的情况利用假期通过自补或以接受辅导等方式进行针对性的提高。同时，学生们也可提前学一点下一学期的课程，早打基础。

如何过一个有意义的暑假？作为一名高中班主任，给同学们几点建议，希望同学们的暑假生活能做到休息、学习和生活三者相辅相成，合理搭配。“一张一弛，文武之道。”懂得在关键的时刻调整状态的人，是永远不可战胜的。相对宽松的假期，对高中生的学习自觉性要求更高。建议高中生在适当放松后，可以制订一份详细的计划来合理安排暑期生活。其间，要特别注意处理好学习和娱乐的关系。娱乐是假期里必不可少的项目，但要节制。电脑可以玩，但要做到适可而止；电视可以看，但对节目要有选择性。在做到自律的同时，高中生还要有意识地培养自理能力。例如，高中生可通过做一些家务，与父母进行思想交流，减少对父母的过度依赖，树立起责任意识。

“人无压力，轻飘飘”，有目标，才有压力，有压力才会使我们不断前进。对于高中生来说，无论是在自制力、学业方面的要求，还是在思想觉悟和素质方面的要求，与小学、初中相比都有不同。所以，应认真对待暑期社会实践和社区服务，多参与一些有意义的社会活动，融入社会，服务社会，以达到提高素质，发展自我的目的。

好假期 = 有意义 + 有意思

兰姐姐

什么样的暑假既有新意又难忘？怎样才算没有虚度暑假？提醒家长，假期的本意是“休假”，有意义的玩也是一种学习方式，即使学习也不能只注重书本知识，因为成长是全方位的。合理安排，张弛有度，有意义 + 有意思，假期才能真正成为快乐时光。

暑假是亲子交流的好时机，最应该补的课就是亲情课。可能你对孩子的期末考试成绩有点失望，但最好先调整好自己的心态，然后选择一种轻松的方式和孩子交流，家长一味地责备和攀比，对孩子来说是一种心理折磨。家长不要把孩子的价值和成绩混为一谈，更不要因为孩子一时成绩差连亲情也拒绝给予了，要让孩子知道你仍然爱他。趁着假期，补补亲情可能对孩子的成长更有效。得到信任和尊重的孩子，学习原动力会呈几何倍增。平时孩子功课紧张，很少做家务事，假期给孩子派点家务劳动非常有必要。生活自理能力的提高，做事时周全考虑，这些对孩子的学习能力都是一种隐性的促进，只是好多家长并未意识到。当然了，既然身为学生，适当补课也是必要的。

还有一点特别提醒：暑假时间比较长，家长对孩子要放手但不能放任。暑假是孩子的冒险时间，孩子在暑假也容易“变质”学坏。家长应多和孩子交流，对孩子做的事、交往的人可以远观但不能不知晓。

兰姐姐家庭教育 21 条

教育的终极目的是让一个人成为自己的老师，认识自我，悦纳本我，勇敢面对并克服接踵而至的麻烦和困难。一个人过分依赖外人或者外力都是不可取的。从这个意义上讲，早早地和自己握手言欢才是正事。

寒暑假，孩子这样“进补”才能进步

放假了，同学们迎来了属于自己的快乐时光，可家长有些犯愁，完全放手怕孩子玩散了心，报太多辅导班孩子又反感。暑假到底怎么过才能“两全其美”呢？兰姐姐支着：假期补补这些课就够了！

补补亲情课

亲子之间，好的关系胜过万千说教。暑假其实是家长和孩子情感培养和交流的黄金时期。考试过后，可能你对孩子的成绩有点失望，但最好先调整好自己的心态，然后选择一种轻松的方式和孩子交流，一味地责备和攀比对孩子来说是一种心理折磨。

兰姐姐提醒，家长不要把孩子的价值和成绩混为一谈，更不要因为孩子一时的成绩差连亲情也吝啬给予了，要让孩子知道你仍然爱他。趁着假期，补补亲情可能更有效，得到信任和尊重的孩子，学习原动力会呈几何倍增。

补补实践课

兰姐姐特别欣赏这样一句话：有价值的玩就是学，有意思的学就是玩。玩中学，学中玩才是暑假生活的主旋律。暑假里，孩子们应该投身到更多的社会实践活动中去，走出家门，多上上“社会研究课”和“小公民综合素质课”。

比如，有这么一项作业：“给你50块钱作为游览家乡一天的费用，假设自己是个外地游客，你要怎么玩？”完成这样的作业，孩子要自己设计旅游方案，自己规划景点路线，自己整理携带物品，一天的游览结束后还要写出自己的“城市调查”。通过完成这样一种特别的作业，孩子的社交合作能力、自主自立能力、参与公共事务的能力和明辨是非的能力都能得到锻炼提升。

除此以外，还可以让孩子跟着爸妈上班去，学会换位思考，积累更多的职业体验。和小伙伴们一起做的事情也有很多，比如做公益、排戏剧、组乐队，或者赶大集、做家谱、养一种植物、发豆芽……别出心裁、身体力行的实践作业会令学生们感兴趣十足的同时，也全面提升了学生素养。

补补体育课

现在的孩子在体质方面普遍存在硬、软、不协调的问题，即关节硬、肌肉软、四肢协调能力差。这些情况都与缺乏锻炼有关。根据国家的规定，中小学生必须保证每天至少 1 小时的体育活动，但据了解，假期里能坚持每天户外运动 1 小时的孩子并不多。身体是本钱，良好的身体素质是学习知识的保障，在当前青少年体质健康水平持续下降，体育锻炼时间严重不足的情况下，身体素质成为一门真正需要“补”的课。

事实上，各学校对学生的暑期生活多有安排，也要求他们多锻炼身体，多干些家务。但有些家长不愿意让孩子吃苦，长此以往，孩子的身体素质自然会下降。建议家长帮助孩子制订合理的锻炼计划，培养孩子的体育爱好，并让孩子多做户外运动。

补补独立课

家长要更多地让孩子做主，把孩子推到前台，让孩子尽早独立。生活中，好多家长只盯着孩子的成绩，这样做常常适得其反。我们有理由相信，有独立自主精神的孩子离成功更近。

每个人都活在自己的时空舱里，人与人之间再多的交集，再稠密的人群都是背景音乐，听听看看就过去了。一个人终究要自己生活。从这个意义上讲，独立能力、独立精神至关重要。培养孩子的独立精神要趁早。都说三十而立，但是独立这件事，需要三岁而立。一个孩子的独立要从练习单飞开始，离开父母和同龄人结伴远行，这其间蕴涵着可贵的成长力量。

独立还意味着，孩子需要渐渐退出父母组建的朋友圈，开始建立属于自己的朋友圈。如果缺乏同龄人组成的“微江湖”的基本功历练，孩子们在成年后很可能会有社交障碍。孩子们很有必要从小学习社交技能，社交能力也要从孩子抓起！

补补成长课

教育的真正目的是培养独立自信的人。假期是一个孩子加速成长的关键期，真正的成长，是心灵的成长。

解决一个问题，是从一个点着手容易，还是从一个面入手容易？从一般的道理来讲，似乎是解决一个点容易。但是，在孩子的成长问题上，恰好相反。解决一个点比较难，解决一个面反而更容易。面的问题解决了，点的问题就不攻自破了。家长越是为了孩子的升学千方百计地盯着分数，孩子的学习成绩越上不去，而且还容易造成孩子自闭。把单纯追求学习成绩这件事放一放，从外围开始突破，提升孩子的内觉力，让孩子生活在榜样人堆里，让孩子发现和同伴远行的成长力量，让孩子的综合素质得到提高，情况反倒会有转机，这就是我们家长期待的孩子“开窍”了。

教育就是这么神奇，最怕功利性。天天读课本，重复做题，这种做法无异于“自我设限”，培养出来的孩子越大越没有竞争力。在大格局里成长起来的孩子，将来才会长成结结实实的幸福之人。

兰姐姐教育三人行

国外孩子如何过暑假

“考完试这几天，孩子看完电视就玩电脑，眼睛都从屏幕上拔不下来了！”市民张女士向兰姐姐寻求对策，“假期这么长，我们家长的工作又很忙，根本顾不上孩子，到底该安排孩子干点啥？”我们发现，孩子们的假期基本有两种安排方式：一是紧张型，即被安排进了各种辅导班和打着学习旗号的夏令营；二是松散型，以宅在家里“触电”为主，像张女士的儿子。那么，暑假到底该怎么过才不虚度呢？看看国外的孩子如何过暑假，我们可以借鉴一下。

日本孩子这样过暑假

赵爽孜（心理学博士）

当看到电视台出现的各种儿童动画片、儿童连续剧全天大联播时候，我知道中国孩子的假期到了。然而在日本，动画片一般一周播一集，由于版权的原因，在网络上也不能看到更多的电视节目，孩子也没有那么多的耐性长久等待，所以与中国相比，日本没有那么多孩子喜欢看电视。日本的孩子在暑假里更多会选择户外活动。日本人崇尚自然。走进大自然，感悟人生成为孩子们暑期生活的主旋律。日本的暑期一般40天左右，暑期安排分为两部分，一部分是围绕学校活动展开，学校开放游泳教室、料理教室和化学实验室，孩子们动手实践。与老师和志愿者一起去野营，体验生篝火，采野菜也是一些学校必不可少的暑期项目，但是最为普遍的是作业“自由研究”，以孩子喜欢的内容为研究目标，了解、调查、实践，最后做出研究性成果报告。为孩子提供研究昆虫、贝壳、风向、海鱼、温度、湿度、云的形状等各种选题，在生活和游戏中培养孩子的观察能力和思考能力。

除了参加学校活动，日本孩子暑期生活的另一部分内容是参与社会活动。日本的夏日祭非常多，例如花火大会时候，孩子们就会穿上日本传统夏日服装，到海边观看焰火表演。各地区教育委员会会推出《儿童体验信息活动手册》，社会机构会为孩子提供100多个活动方案，家长和孩子可以根据资料寻找合适内容，早早预约。由于日本一般职员的年假也经常是在夏天，所以暑期里家长带孩子出门旅行也很盛行。

日本的图书馆、博物馆、美术馆、天文馆，在假期免费对孩子开放。日本心理专家认为，10岁以前是儿童成长的“加速”期，在此期间培养孩子良好的观察、实践、思考能力，对孩子未来的发展至关重要。

快乐假期“伴”你同行

朱雪梅（知名校长）

如何度过一个快乐而有意义的假期呢？在此，我有这样几个建议：一是与大海为伴。海边长大的孩子，能够驾驭帆船在大海上劈风斩浪是一件多么值得骄傲和自豪的事情。有条件的同学可以参加帆船训练营的学习，通过训练，自己既强身健体，又培养了勇敢刚毅的品质。二是与书籍为伴。去图书馆看书，到书城“蹭书”看，这应是孩子假期里必不可少的活动。三是与大自然为伴。大自然就是一本“无言的书”，同学们可以有目的地去观察自然，通过旅游触摸不一样的风土人情。很多书本上没有的知识，都会在人们与大自然的亲密接触中，潜移默化地浸润心田。四是与爱心为伴。爱与责任感，是现代小公民必备的优秀品质。同学们可以去儿童福利院或敬老院参加公益活动，通过做小义工，既能体验帮助别人的快乐，又能锻炼能力，涵养美德。五是与亲情为伴。多进行家庭劳动实践，做力所能及的家务，在劳动中体恤长辈的辛苦，增长才干，感受亲情。

国外流行带孩子上班

兰姐姐

假期孩子没人看，让孩子自己在家又不放心，“带孩子上班”就成了一些家长无奈的选择。其实，有选择地带孩子上班对孩子来说不是一件坏事，可以让他们顺便进行职业体验。带孩子上班的做法，还有助于和孩子沟通，让孩子提高自我意识和职业意识，认清自己的潜能特点和未来的发展道路，从而有利于激发他们树立人生理想，明确职业选择，改变当下的生活状态和学习状态。我们了解到，虽然在中国家长带孩子上班实属无奈，但是家长带孩子上班在国外非常流行。刚从美国回来的傅先生介绍，美国每年的4月22日、加拿大每年的11月7

日都是法定的“带孩子上班日”，在这一天，企业会鼓励员工带孩子上班，以便让孩子了解父母工作的实际情况，增加一些对职业感性认识，让孩子们知道父母工作的辛劳，从而对父母怀有感激之心，也提供一些基本职业常识和职业概念以便孩子未来投入社会时知道父母的“生存之道”。

其实，假期是孩子迅速成长的关键期。提前进行职业体验，或者安排孩子做做钟点工，深入接触、认识社会，对他们的成长和成熟都有裨益。建议我们的企事业单位，如果条件允许，也设定几天“带孩子上班日”，或组织一些和行业有关的夏令营，这样既解了父母的后顾之忧，体现了单位的人文关怀，也让孩子们在暑假里有了好的去处。

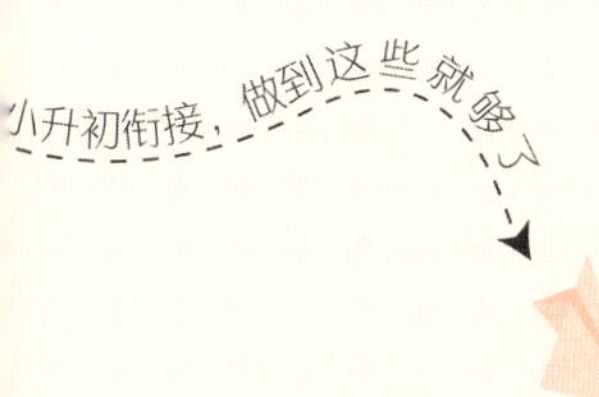

如何做好孩子的升学衔接

愿此生你比我强大

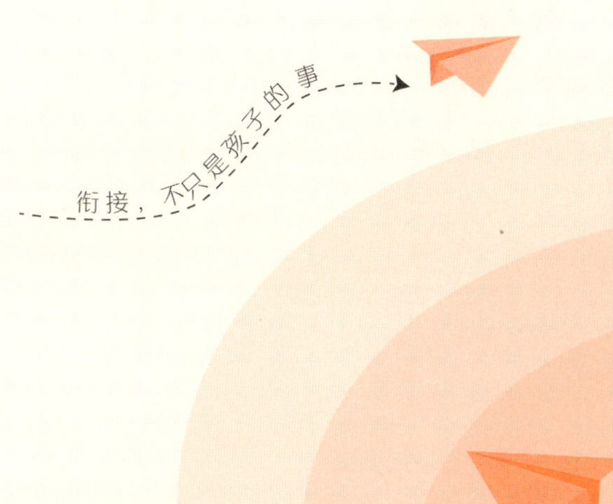

兰姐姐教育三人行

衔接，不只是孩子的事

“都说孩子上初中时间紧，功课多，学习压力大！我真有点担心孩子一时适应不了。”市民刘女士的儿子今年小学毕业，都说中小学衔接很重要，但作为家长的她真不知该从何下手。我们发现，和刘女士有同样焦虑的家长并不在少数。除了小升初，初高中衔接也备受家长关注。学生上高一时会出现不适应心理，这段时期被称作“更学期”，不少准高一新生也有这种感觉。那么，家长到底怎样做才能帮助孩子顺利衔接呢？

小升初，家长也要同步升级

张青涛（知名校长）

孩子上中学后，家长也应该同步升级。首先是观念的转变，要意识到孩子的能力重要，态度习惯更重要；孩子的分数重要，实践更重要；与孩子的交流重要，交流方式更重要；孩子一元发展重要，多元智能更重要；孩子的勤奋重要，学习方法更重要；孩子的学校生活重要，家庭氛围更重要；孩子学会知识重要，会学习更重要；家长工作重要，教育孩子更重要。

孩子读小学时，家长下班回家第一句话往往就是问孩子“作业做好了吗”，如果孩子回答“做好了”，家长也就放心了。这种课后只完成作业的学习方法，无法满足中学学习的要求。随着年龄的增长，孩子生理、心理也会发生一些变化。针对孩子的变化，首先，要在学习上督促、指导孩子制订学习计划，让孩子学会给自己提出目标，并能按目标要求选择方法和途径，以使他们在艰巨、复杂的学习任务面前不是无所适从，而是积极主动。同时要鼓励孩子树立克服困难的勇气和信心。能在发现问题后认真思考，总结出错的原因，找出正确答案，迎着困难上。家长还要帮助孩子“学会学习”，指导孩子学会遵循学习规律，不断总结适合自己的科学学习方法。学好功课不能单靠拼体力，磨时间。“得法者事半功倍，不得法者事倍功半。”

优秀学生都有一套自己的学习方法，比如先预习，后听课；先复习，后作业；先思考，后请教等。

新高一提前突破更学期

宋丽瑄（教导处主任）

孩子从初中升入高中，家长首先要祝贺孩子跨越了人生的一个重要阶段；同时要多放手，更多地注重培养孩子的自学能力，养成规划意识；帮助孩子学会制订学习计划，学习计划要具体、可量化，有可操作性，这样也便于家长监督检查。提醒一下，高一上半年孩子的情绪最不稳定，家长要多关注，多沟通，倾听孩子的困惑，及时帮助孩子解决问题，跟上学习节奏。高一、高二的学习内容是高中的基础，而高一则是整个高中阶段基础中的基础。如果没有良好的基础，为高三所搭的“金字塔”就不会牢固，将来的学习会越来越吃力。因此，谁先进入状态，谁就将抢得高中学业成功的先机。

高一新生容易对学习产生厌烦、恐惧或逃避的行为。究其原因，主要是跨过紧张的中考，新生们的心理仍停留在初中阶段，短时间内不适应快节奏的高中学习进度，加之高中和初中学习方法也有较大的不同，这些都会令部分学生大叹高中学习辛苦，由此产生不良心理暗示，久而久之便形成了心理障碍，做任何事都缺乏动力和信心。尤其在重点高中，班里“高手如云”，许多在初中比较出色的同学感到心理失重，因为在这里，他们“泯然众人矣”，一时难以找准自己的位置。高中功课尤其是物理、数学等理科科目难度加大，同时，高中学习更倾向于自主学习，侧重于理性思维。一些同学如果在学法上不及时调整，成绩便会下滑。

情感衔接要先行一步

兰姐姐

小升初、初升高衔接这样的话题一直是家长特别关注的。以前教育界强调更多的是学生的衔接，其实，家长在观念上也要提前衔接，别拖了孩子的“后腿”。孩子由一个学习阶段升级到另一个学习阶段，势必会带来心理的激荡，因此孩子心理上的“自立”对顺利衔接尤为重要。准初一、高一学生对以前的学习生活有很强的依赖性，升级后面对新老师、新同学，不少学生会感到生疏和失落。家长在这个时期要特别关心孩子，在暑假就要开始与孩子交流，让孩子先有个思想准备，鼓励孩子适应并喜欢新的环境和老师、同学,尽量不让孩子“大起大落”,不要因为人际和学习环境反差大而失去信心。

如果录取的学校不是孩子理想的学校，家长千万不要把不良情绪施加给孩子，要顺其自然，鼓励孩子进入新的学校好好表现，以自己的实力赢得老师和同学们的青睐。同时，家长也要淡定，不要人为地制造“紧张空气”。升入新的学习阶段，学习科目多了，学习任务重了，难度也大了，进度也快了，学生从身体、心理到校园生活、学习方式等方面出现不适应也是无法避免的，家长要沉得住气，不必把焦虑和担心写在脸上。暑假是孩子接触社会、锻炼生存能力的好时机。在此提醒，选择衔接班要因人而异，如果孩子有明显偏科现象，假期里对薄弱学科进行适当的补习有助于成绩的提高。即使不参加衔接班的学习,学生在暑假里也不能完全“放羊”,也要熟悉一下新课本,了解课程结构，做好开学的准备。

兰姐姐家庭教育21条

人不可一日无喜神。虽然人生不如意十之八九，也要乐观面对。人，生而不易，不必羡慕任何人，活好当下最靠谱。管理好自己的时间，管理好自己的身体，管理好自己的情绪。不要和消耗你的人在一起。记住，所有事情的结局都是好的，如果不如意，那说明还没到最后。

“六年级现象”不容忽视

“这孩子，怎么一上六年级就不好管了！”不少家长、老师向兰姐姐诉说，孩子到了六年级，变化就大了，不仅注重穿着，心事也多起来。出现“六年级现象”后，孩子就不如从前好管教了。

普遍现象：六年级孩子不好管

毕业班老师反映，到了六年级，班里往往就会出现几个顶撞老师的孩子，纪律性也会很差，这几乎成了“惯例”。

学生家长徐女士告诉我们，到了六年级，孩子对谈情说爱的事儿特别敏感，有的“绯闻”中的男女生在校园里公开手拉手，对此家长感到很恐慌。张女士说，孩子上了六年级，家长的第一感觉是与孩子沟通的难度大了。比如，以往孩子的衣食住行由大人说了算，孩子从不挑剔，但上了六年级后，他对穿着、文具、举止言行都有了自己的想法，开始排斥家长包办的行为。以前带孩子出去一起和朋友吃顿饭，他非常乐意，但现在基本上“请”不动他。

心理探析：小大人其实很纠结

小学生到了六年级，容易与班主任、家长日渐疏远，成为“陌生”的熟人。

学生在半成人的环境中生活，自卑、猜疑、嫉妒充斥着他们的内心世界。此时，如果学生的人际交往活跃，心理磨合期就会很快过去，但大部分学生却生活在心理朦胧时期。这说明，学生心理健康教育已迫在眉睫，特别需要大人的悉心指导。家长要教会孩子善于倾诉，学会自我减压，不断增强自解心理矛盾的能力，让孩子每天心情舒畅，轻松愉快地学习和生活。

成长支着：养成“坐住板凳”习惯

“天天寻思着写同学录，互赠临别礼物，哪有点毕业班的学习气氛？”一位小学老师告诉我们，小学升学压力不大，相对宽松。一般进入六年级，班级中就弥漫着一种毕业氛围，特别是一到下学期，好多同学就开始忙着写同学录了，有的热心家长还忙着组织孩子聚餐。

学生家长李先生却说：“孩子毕竟还是小学生，也没有升学压力，多玩点没事儿。再说了，上了中学那么累，顺其自然吧。”和李先生有“共识”的家长不在少数。知名校长潘晓莉提醒家长，小升初对孩子的成长来说是一道重要的分水岭，毕业班的家长要特别关注孩子，这对孩子顺利升入中学大有裨益。家长要帮助孩子养成“坐住板凳”的习惯，帮助孩子按规定时间完成作业，减少中途诸如喝水、吃东西的时间，提高孩子的学习效率；帮助孩子养成晚上入睡前，把第二天要带的作业、学习用具及其他东西收拾好的习惯。

学法指导：打好六年级学习的“桩”

中小学学习方法也有诸多差异。六年级的学生，该如何调整才能更有效地与初中对接呢？

语文：补点文学类作品

兰姐姐提醒六年级学生家长，这时候应该在孩子的书架上做点文章，孩子的书架不能再是童话的天下了，要适当给孩子补点文学类作品。孩子读书的方法也要改变，不能光从故事里看热闹，要留心琢磨作者的遣词造句，体会文学的语言，提高自己的文学修养。六年级学生要从《儿童文学》《少年文艺》等杂志以及童话、故事书，过渡到文学名著，接触不同作家、不同风格的作品。建议学生读一点古文，拓宽自己的语文视角，在大语文环境中学习语文。

数学：引导孩子多问为什么

不少小学生有个习惯，喜欢被老师、家长“牵”着走，这样的学生往往不会思考，不会主动去想想“为什么”。在六年级这个“准初中”年级抓好学生听讲的同时，还要重视学生思考能力的培养。这对老师的提问技巧是个考验，所提出的问题必须要有一定的思考价值，要从启迪学生的思维这一基点出发，教会学生养成一边听讲，一边看书，一边思考的习惯。无论是课前、课内还是课后，都要引导学生多问几个为什么，加深对定义、定理、法则的理解，活学活用。

资深数学老师建议：就书面练习来看，小学生往往重结果而轻过程，进入初一后，虽然学生的独立意识提高，但并未成熟，突出表现在部分学生做作业不能独立思考，喜欢与别人对答案等。对此，家长要对孩子严格要求，督促孩子独立自主地解决学习难题。

英语：记忆单词掌握规则

教科所刘永洁老师建议：六年级学生最好能熟练认读音标，掌握读音规则，能按读音规则拼读、记忆单词，同时结合音标复习小学所学词汇，并按元音字母及字母组合在单词中的发音进行单词归类复习。

小学生习惯死记硬背，初中这一阶段更强调学生的探究精神，六年级学生要特别注重理解能力的培养，如果不追求“理解”，学习就没有好的效果。

小升初衔接，做到这些就够了

“都说上初中学习就累了，时间紧，功课多，压力大，孩子还容易变质！”刘女士说她儿子今年小学毕业，这个暑假打算疯玩，可家长放心不下，又不知从何下手帮助孩子顺利做好中小学衔接。兰姐姐发现，和刘女士有同样困惑的家长并不在少数。确实，对小升初的学生来说，这个暑假非常关键，的确应该充分认真地利用好。但这不是简单的上个衔接班就可以顺利实现的，家长、孩子需要同步“升级”，先入为主。

情感衔接先行一步

初一学生王晓含说，去年刚上中学的时候，学习生活简直乱了套，作息时间调整不过来，老的学习方法好像都不灵了，自己心理压力特大，适应了两三个月才好。她的班上有个同学一学期也没调整好，现在每天都要到以前毕业的小学校门口站上一会儿，老是进入不到初中学习的正常状态。

知名校长马林表示，中小学衔接问题，是近年来基础教育工作者研究的重要课题之一。孩子在小学生活了六年，与老师同学朝夕相伴，有了很深的感情，甚至有了很强的依赖性。进入初中后面对新老师、新同学，不少孩子会感到生疏和失落。家长这段时期要特别关心孩子，在暑假就开始与孩子交流，让孩子先有个思想准备。

家长和学生们还可以寻求小学老师的帮助，让他们鼓励孩子适应并喜欢新的环境和老师、同学，尽量不让孩子在心理上“大起大落”，不要因为环境反差大而失去学习信心。

学习方法，中学和小学大不相同

初中教学内容多，竞争起点高，学生的学习自觉性和自主意识必须增强。家长有必要引领孩子了解初中学科的特点和学习方法。对此，青岛实验中学的老师们贡献了多年的经验供学生们参考。

语文：家长要有意识地训练学生由机械记忆到理解记忆的能力，调动口、心、手、眼的四到位。多说、多读、多思、多写是学好语文的四个法宝。朗读课文三五遍，解决疑难生字词，不懂的地方画问号，通过练习找重点。

数学：不能再停留在简单的计算上，要建立数学思想。变学会为会学，提高数学研究和解决问题的能力。

英语：小学阶段，老师基本采用直观法教学，小学生感知语言材料就行了。初中后学习内容越来越多，学生除感知材料外，还必须理解语言材料，学会理性思维的方法。

孩子成长，进入四大高峰期

知名校长范磊表示，进入初中，家长首先要了解初中生活与小学生活的种种不同：初中各学科的学习对孩子有了更高的要求，知识量增加了，知识的理论性、系统性和综合性增强，对孩子的能力要求也随之提高。初中的孩子会进入到人生变化的四个“高峰”，即生理变化高峰、智力发展高峰、社会需求高峰、创造高峰。这时的孩子生理发育迅速，智力发展达到较高水平，社会需求有所上升。自尊心、自信心和渴求独立的愿望增强，他们力图在各个领域有较出色的表现，想在集体中赢得适当的地位，得到好评和重视。

进入初中，孩子在学习、生活各个方面肯定会遇到一些挑战和挫折，需要家长帮助孩子面对现实，重新审视自己，给自己一个准确的定位，适时做好心态调整。一个合格的优秀的家长，除了在孩子遇到“瓶颈”的时候给予指导外，还要注重发挥孩子的自主性，因材施教。平时对孩子既要信任，又要做好督促。进入初中后，家长应该学会放手，给孩子一个相对宽松的环境，相信孩子会处理好学习和其他事情的关系。当然，信任孩子并不是对孩子过度的放纵，家长还是要做好监督工作的。建议家长还应该与班主任定期交流，共同做好对孩子的教育工作。

家长须知
这个假期开始强化

养成教育、习惯培养对初一新生来讲非常重要，家长起的作用尤其大。下面这些，就是家长需要配合的事。

1. 叮嘱孩子，只要到校就得身着校服。周一因为要参加升旗仪式，所以要早些出门，每天保证吃好早饭。

2. 学生不能留长发和奇怪发型，不能化妆和戴首饰。

3. 因病因事不能到校，家长应先以电话的形式向班主任请假，原则上不找人代请假或事后补假。

4. 校内不能带手机。

5. 给孩子准备好一本记事本，记录内容分作业和临时任务两部分，这个本子家长要勤检查。

6. 帮助孩子养成“坐住板凳”的习惯，按规定时间完成作业、任务，减少中途喝水、玩手机、看电视、上卫生间、说闲话等活动的时间，提高学习效率。

7. 要求孩子将书柜、书包里的物品摆放有序，准备好专门放练习卷、试卷的夹子，资料要分类妥善保管。

8. 要求孩子在入睡前，一定把第二天要带的作业、学习用具及其他东西收拾好，避免早上的忙乱。

9. 孩子不想参加某项活动，或者遇到与老师、同学闹意见，想调座位等问题，家长尽量让孩子自己向老师说明情况，不主张家长出面代办。

10. 鼓励孩子进行阶段性的自我评价，家长要积极引导，从差距中看到孩子的潜力，对孩子的点滴进步，家长要及时鼓励，防止粗暴批评。

11. 关注孩子和什么人交往，如发现异常或生疑虑，及时与班主任反馈沟通。

12. 家长要以身作则，时时处处为孩子起表率作用，减少孩子出席成人交际场合的机会。

以上 12 点，有硬性标准，也有弹性建议，家长不一定非要逐一落实，可选择重点、循序渐进。最好找出孩子的弱项，在假期里进行针对性的训练。

预警：“初二现象”初一发作

“上了中学，孩子好像变了个人似的，学习提不起精神，几次考试都不理想，还特别逆反，不听我和他爸爸的话。我们说他两句，他就大吼大叫，这在以前简直难以想象……”初一学生家长张女士向我们诉说她的苦恼，“我真是想不开，以前的乖儿子怎么一下子变成了刺头！”

核心关注

据了解，初二是孩子的“事故多发地段”，初二学生往往最难管，这被称为“初二现象”。这种现象老师和家长都有所了解，但近期，我们通过调查发现，“初二现象”有了提前发作的势头，希望引起老师和家长的关注。

提醒：孩子发育和青春期开始得越来越早

这一时期的孩子很容易对家长无微不至的照顾感到不耐烦，对老师没完没了的叮咛、婆婆妈妈的说教反感甚至愤怒，家长和老师会明显感到孩子不听话了。

有资料表明，近年来，孩子的发育和青春期开始得越来越早。女孩十一二岁甚至十岁时就有月经初潮；男孩十二三岁时就会在梦里遗精，开始了由小男孩向男子汉转变的过程。这个年龄的孩子大致正在读初一初二。进入青春期，生理上的发育必然带来心理上的动荡不安，孩子也会出现“探索”异性的渴望。我们发现，家长对孩子的性教育明显滞后，而且家长普遍存在侥幸心理，以为孩子大了自然就明白了。实际上这是对性教育的逃避。在海量信息的数字化时代，让孩子绝对不接触性信息只是家长的一厢情愿，家长应该主动提供正确的引导。

现象：上了中学，乖孩子开始不服管！

初中学生家长刘女士告诉我们：“孩子刚上初一时还挺省心，对父母的话也言听计从。可到了下学期他就越来越让人劳神了。你说往东，他非要往西，好像有意和家长老师作对，很难管。”有这种烦恼和困惑的家长不在少数。一位初中班主任介绍，初一下学期、初二上学期是孩子“变质”的高发阶段。有些孩子甚至破罐子破摔，沾染了许多不良习气，早恋、厌学、沉溺网游，扮成熟学抽烟往往出现在这个时期。

有多年班主任工作经验的杨老师介绍，初一下学期、初二上学期，学生易发早恋，而且这个时期的早恋形式也很特别，学生们早恋不像高中生那种注重内心感受，而更多是试探和游戏的成分居多。她班上一名男生，因追求同班一名女生不成功，便多次用烟头烫自己手臂，还用刀在手臂上划了很多伤口，然后跑到该名女生面前展示伤口，以示“痴心”。老师问他为什么这样做，他说是跟电视上学的。

兰姐姐家庭教育21条

一个人从小要强且一直“得逞”，并不是件好事，时间久了，很容易形成“轻蔑型人格气质”，盲目行为。要珍惜栽过的跟头、跌进的深坑。迷茫的黑夜，每一颗星都是在给自己补课。重启才能重生。

问题：中学、小学大不同，衔接更是有“断层”

出现“初二现象”的原因，教育界人士分析，中小学衔接不顺畅是原因之一。就目前的教育现状而言，中小学之间的差异过大，小学侧重于学生的素质和特长培养，不需要升学考试。上了初中，学习节奏、知识的难度都有了明显提高，而且应试的压力骤然加大，从初一开始学习就时时和中考“挂靠”。在“突变”中，好多孩子在学习中和心理上都难以适应，有的甚至一下子失去自信，产生了逃避、厌学的情绪。

有些老师表示，从小学升入中学的阶段是个重要的“转型期”。在学习方法上，多学科学习要求学生有更多的抽象概括能力。小学的学习方法已经不适用，因为孩子们的学习负担增加了许多。对这些学习上的突变，如果孩子不能及时自我调整，没有足够的心理准备，改变相应的学习方法，就会出现学习成绩落后的情况。学习上被人落下了，其他一些家长不愿看到的状况就会趁机发生。

破解：上了初中，孩子如何顺利“转型”

初中三年所学的知识环环相扣，初一时基础如果打得不牢，到了初二初三就会感觉很吃力，因为还要学习两门新的学科——物理和化学。建议学生从跨入中学大门开始，就制订出远期学习计划。家长也要跟着孩子一起“升级”。

对出现“症状”的孩子，兰姐姐建议，家长首先要冷静，没有必要大惊小怪，因为孩子的成长总会有烦恼和阵痛，不管怎样都要接纳孩子，尊重他渴望平等的要求。这个阶段的孩子“成人”意识特别强，为了表明成熟，他们会做许多傻事。老师和家长要善于利用孩子的“成人”情结，给他们展示、露脸、“主事”的机会。这时候的孩子开始关心自己在群体中的地位，他们对老师和家长的夸奖、评价开始有了自己的看法，有“非常强”的自尊心，更需要教师和家长给予他们更多的情感教育。

兰姐姐家庭教育21条

爱，是这个世上最高的信仰，最真的奇迹，最好的家教。好家教是真正的不动产，是无形的财富，是最有价值的传家宝！家庭教育再难，也难不倒一个在行动中不断学习、自我成长的人。父母好好学习，孩子天天向上！

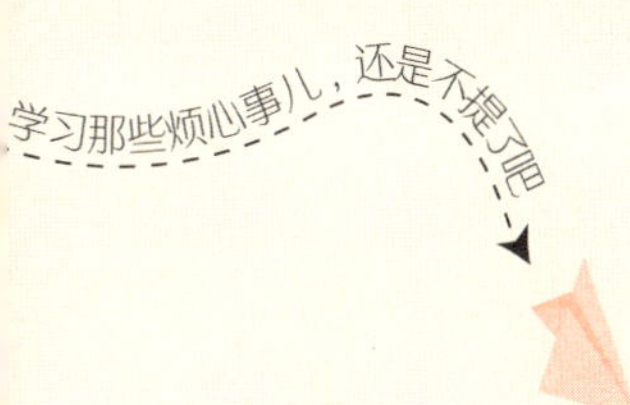

把成长的烦恼大声说出来

愿此生你比我强大

亲子关系："战争与和平"之现实版

成长的烦恼：感觉人生已经达到了低潮

Q1：越来越没自信

肉松：我是学生会的，最近老是做不好事情，受到一些同学的嘲笑，所以现在都不怎么在同学们面前说话了，越来越没自信了。我不知道怎么做能够提高自己的人缘。我刚做了一套心理测试题，测试结果是：你有一种强烈的自卑感，表面上你很自信，甚至自负或自傲，其实你很可能是在自负和自卑间徘徊。兰姐姐请帮帮忙啊！

兰姐姐 看得出你是个懂得"三省吾身"的人啊！能进入学生会，说明你是个优秀的学生，各方面表现应该都不错。人的心态不是一成不变的，有时候徘徊在自卑和自负之间也很正常。建议你先把自己了解清楚，不要太在乎别人的看法，不要活在别人的目光里。有时候话多必失，少说多做可能更见效。相信你的人气指数会不断攀升，加油！

Q2：多愁善感是心病吗？

小溪：我是个初一女生。我也不知道自己是怎么了，总是觉得不快乐。每当遇到风吹叶落、夕阳西下或是乌云密布，坏情绪便在我心里滋生。在别人眼里，我应该算是幸福的，被爸爸妈妈宠着，吃得好穿得好，可我仍然觉得自己运气不好，做什么事情都不顺心。我不知道该向谁倾诉，怎么倾诉，总是无缘无故地想哭。我总觉得这不是我想要的生活，但是又说不清楚自己想要什么……我究竟是怎么了？我这是心病吗？在我这个年龄的其他人也都这样吗？

兰姐姐　文静内敛、多愁善感，这是青春期的女孩子的正常反应啊！看到你邮件的时候，兰姐姐刚刚接听了一个热线，倾诉苦闷的也是一个女孩，状况跟你很像。她上初二，内向、心思细腻，常常有许多与她年龄不相符的想法。她没有可以倾诉心事的密友，她最亲密的“朋友”就是言情小说和充满童话或悲剧色彩的韩剧，那些虚构的故事常常把她感动得热泪盈眶。她还常常不自觉地将故事中的人和事与现实生活联系起来，对号入座，觉得自己跟书里或电视剧里的悲情女主角的命运如出一辙。于是，她常常自怨自艾。兰姐姐请教了心理专家，了解到青春期异常的精神表现是由于情感的缺失引发的情感低落。这种情感的缺失可能是真实的，由考试失败、与朋友争吵、失恋等具体事情引发的；也可能是虚拟的，如自我牵强附会地联系。看起来你属于后一种。多愁善感是人类情感一种正常的表达形式，本不足为虑。但是，过度的多愁善感则可能妨碍个人心理、人格的健全。过度与否，判断的标准是：是否影响了自己的日常生活、学习和社会交往。如果影响持续时间长，就应该寻求心理医生的帮助。兰姐姐建议，你应该去寻找让你感到不愉快的源头。每一件事都是有因才有果的。当这些情绪涌来时，你要问问自己："我的情绪是真实的吗？""是不是我强加于自己的？"正如你所想，许多与你同龄的人都时常表现出与你类似的情绪，都有"强说愁"的意味。空闲时尽量不要"宅"在家里啃书、看电视，让自己忙起来，可能你的心病就会不治而愈了。

Q3：我是不是很傻很天真啊！

小雨：我是个高一女生。最近我喜欢上了一个男生，我和他是网友，他不知道我喜欢他。我们聊得很有感觉，最近一段时间，我老是想他。我昨天直接向他表白了，说我多么喜欢他，一天想他无数次，但是他没有接受，也没有拒绝。我不怎么漂亮，学习也一般。我知道这样做"很傻很天真"，但是我真的爱他，没有他不行！兰姐姐，我现在到底该怎么办啊？

兰姐姐　你是真的很傻很天真啊！以你这个年龄来说，

别说是网友，就是现实生活中的异性，你也未必能真正了解。你现在所谓的爱，爱上的不过是你自己想恋爱的感觉，而不是那个真实的男孩。成长中的女孩往往对爱情会有许多美好的想象，当遇到一个能吸引自己的异性时，就会把自己所有的想象加在对方身上。对于一个在现实中还一点也不了解的男孩，你的所谓的爱，不过是你自己想象中的完美恋人的替代品而已。一个男孩，如果他喜欢一个女孩，他就会主动去追求。你说他不知道你喜欢他，其实应该这样解释：他之所以不知道是因为你根本就没有引起他的注意，这与你漂不漂亮无关。人与人是否能够相爱取决于相互间价值观是否接近，生活追求是否相近，是否具有精神上的相互需要。不只靠外貌上的相互吸引，还要有灵魂上的相互契合。你这个年纪的女孩，最好不要玩这种危险的感情游戏。如果对方是个善良的人，他即使不爱你也不会伤害你；如果他是个居心叵测的人，你就是自动送上门的便宜。请你先学会自我保护再去恋爱，好吗？因为网恋上当受骗的例子多得吓人啊。上网聊聊天，缓解一下学习压力，增加点生活乐趣，这无可厚非，但一定要有数、有度，防范之心不可无。你这个年龄是最爱做梦的年龄。从你的字里行间可以感知到，你是个简单而直率的女孩。多结识男孩子其实不是坏事，对朋友了解比较之后才能学会选择。这样总比一直设置屏障，长大后依然很傻很天真要好。女孩天真不要紧，但不要犯傻！希望你能做出正确的选择，好好把握自己！

Q4：早恋被发现啦！

M123：紧急求救！我是一名初二的学生，和同班的一个女生比较谈得来，走得比较近，但也没有到早恋的程度。我学习不错，在班里当学习委员。这次考试她的成绩下降了，班主任向她父母“告状”，说是因为和我早恋造成的。没想到，她的父母要找我谈话，我真是紧张得要命，这关我什么事？我真想躲起来。

兰姐姐 你是个男孩，遇事要冷静有担当，没有必要躲避。如果像你说的，只是比较谈得来，没有做出一些不该做的事情，那就坦然面对。你们的班主任和女孩的家长，他们的做法有一定的问题。成绩的升降其实和早恋没有直接的关系，成绩起伏也是正常现象，不要动不动就归咎于早恋。最后说到你，你也有错！校园生活学习为大，开学就上初三了，男女生正常交往一定要有度也要有数啊！

Q5：男生给我起绰号

冰的温度：这学期刚开始，我们班有个男同学给我起了一个超级难听的绰号。这个外号是根据我的名字改编而且诋毁人的性别的绰号。先是一个同学叫我这个绰号，继而是十几个，最后几乎全班都知道了这个绰号，天天叫个没完。当别人这么叫我的时候，我不能回避，又不能发火，总是处于两难的境地。我又不愿意告诉家长和老师，怕他们嘲笑我。我真不知道该如何是好。

兰姐姐 要是换成兰姐姐，那就“以毒攻毒”，也给他起个超难听的外号！开玩笑啦，这样做是不好的。下面是给你的正式建议：你需要坦然面对这个绰号，看得越淡他们就越无趣。当他们发现叫你这个绰号你已经无所谓的时候，他们就会慢慢地不叫了。其实有些绰号，当时觉得挺难听，但毕业后经过时间的“发酵”，那时你就会发现，那些绰号其实没什么，说不定还会成为你美好的回忆呢。

Q6：女生见帅哥会紧张吗？

六月的风：一些女生对我忽冷忽热的，很是莫名其妙。今天还主动接近我，献殷勤，第二天就好像我得罪她了一样，对我不理不睬，甚至主动找我的茬，对我凶巴巴的。其实我什么都没做啊，这是怎么回事啊？我怎么老遇到这样的女生，难道是因为我长得太丑太吓人了？把人家都吓跑了？反正男生都说我比较帅的。我想研究一下女生的心理。

兰姐姐 我看你有点自恋啊，呵呵。男生说你帅你就帅了？男生女生的审美标准可不一样哦。在兰姐姐看来，你的外表可能比较吸引女孩子，但你的性格可能不咋地，所以吓跑了女孩子。我说得可能比较直，但是在女孩心中，男生的外表占的比重其实不大，有责任心、勇敢、阳光的男孩更招女孩喜欢。你可要加油啊，别徒有其表啊！

Q7：男生过生日，送他什么？

加菲兔：我们班有个男生要过生日了，我和他关系不错。兰姐姐别误会，我们是纯洁的友谊！他要请几个要好的同学一起出去玩，我总不能空着手去，应该送他什么呢？送围巾怎么样？

兰姐姐 男女生之间有交往再正常不过了，稍微礼尚往来一下也在情理之中。送礼物还是要从兴趣出发。男孩嘛，大都爱运动，如果他喜欢篮球，那就送个篮球好了，或者买点文具送他。送围巾等饰物好像有点暧昧，还是别送了。

Q8：怎样引女生注意

大鹏：我是一名高中生，兰姐姐，我想知道什么样的男生有吸引力，特别能吸引女孩子的注意。

兰姐姐 哈哈，你的问题很开放啊！以兰姐姐的经验看来，这种类型的男生比较吸引女生的注意力：开朗但不嬉皮笑脸；有内涵但不内向；幽默但不贫嘴；和其他男同学玩得好，而且笑起来迷人。兰姐姐觉得这样的男生比较帅。男人的长相并不是最重要的，重要的是要有责任心和勇气。具备这两点还是有难度的，你慢慢修炼吧。

Q9：想谈一场恋爱

柯梦：我今年 18 岁了，想尝试一下恋爱的滋味。最近看上了一个女生，很喜欢她。她好像对我也有意思。我的朋友都有好多次恋爱经历了，他们都嘲笑我在这方面太稚嫩。我想鼓足勇气谈一次恋爱，可以吗？

兰姐姐 18 岁已经成人了，谈恋爱没什么可以不可以，但是记住一点，你已经一只脚迈进成年人的世界了，要学会承担责任。如果想要别人对你好，你首先要对别人好，这句话不光可以用在友情上，用在爱情上也一样，祝你恋爱成功！有一点忘了问了，不知你是否还在读高三，如果你人在高三，这事最好先“冷藏”一段时间哦。

Q10：身高是我心头之痛

初二男生王力：我最大的苦恼就是个头老是蹿不起来！我们班男生大部分都1米7了，可我刚刚1米6！在女生面前我都抬不起头来！女生好像只对高个儿男生感兴趣。兰姐姐，有没有长个儿的秘诀啊！

兰姐姐 长个儿问题的出现频率还真是很高啊！兰姐姐的话你要好好听：初二的男生长到1米6并不矮，增高大有潜力。兰姐姐以前当过中学老师，带初一、初二班级的时候，班里就有一批“小豆子”，有的才1米4呢。初三毕业的时候这些小豆子基本上都蹿起来了。男孩长得晚，但长得也快。不过还是要注意，营养加运动是长个儿的“秘方”。特别要注意吃好早餐，两次正餐之间可以少量加餐，但不要过多地吃零食。油炸食品、膨化食品、腌制食品、罐头类制品对正处于生长旺盛期的孩子来说，都是“垃圾食品”。饮料不宜多喝，特别是含糖饮料和碳酸饮料。睡眠也很重要，睡眠充足，大脑才能在睡眠中多分泌生长激素。生长激素是让人长高的激素，有益于长个儿。

亲子关系：
“战争与和平”之现实版

Q1：妈妈别“潜伏”啦！

小雅：我是一名初三的学生，最近一段时间，我发现我们家的空气很紧张。为了不影响我复习，上初三以后，爸爸妈妈就戒电视了，在屋里走路也轻手轻脚的，生怕有一点儿响动，像潜伏的特工似的。其实他们在客厅聊天看电视，我在自己的屋子里看书，根本不会受他们影响。他们这样小心翼翼，真让人受不了。还有一件事我特别“纠结”，就是每天晚上我开始学习的时候，我妈就拿着报纸杂志坐在我旁边。嘴里说是看书读报，其实她是怕我学习偷懒，暗中监视我。我和他们真是讲不清，郁闷啊！

兰姐姐 我能体会你无奈的心情，但也能理解你妈妈的苦衷。你们的出发点都是好的，但碰撞在一起就变成了“内耗”！家有毕业生，父母格外谨慎小心，这很正常，但你父母的做法有点过了。兰姐姐建议你先坦率地告诉父母自己的感受。例如："你们的时刻监督反而让我分心"；"你们为了我放弃娱乐休闲让我觉得太有压力"；"我考得不好，你们也不批评只说宽慰的话，让我更难受"……当父母了解孩子的内心感受后，他们的行动才能更有目的性。下面的话要说给家长朋友听：家有毕业生不是件如临大敌的事，没必要太兴师动众。初三的学习生活很紧张，有的家长包办了孩子所有的事情，把自己搞得很紧张，不知不觉也把紧张感传递给了孩子，从而影响他们的学习和情绪，动摇他们的自信，增加他们的愧疚心理，造成孩子的学习压力更大。家长适当关心，外冷内热，该干吗干吗，这样的态度可能对考生更有好处。

Q2：妈妈巨能唠叨

吹泡泡的鱼：我现在特别讨厌我妈，她就知道唠叨，而且我跟她说什么，她都不听。她从来不认真听我的想法，总是还没等我说完就打断我，然后就开始把她的想法灌输给我。现在我觉得跟她说话都多余。她现在又开始怪我不跟她沟通，有事都不跟她说，烦死了！

兰姐姐 我很能理解你的感受，像你妈妈这样的妈妈不是少数。但任何沟通都是双向的互动，有效的沟通离不开双方的努力，尤其需要彼此耐心倾听，积极反馈，换位思考……当你因妈妈的唠叨而苦闷时，不妨静下心来想想以下几个问题："我是否耐心地听过妈妈的想法""我是否也曾急切地打断妈妈想说的话""我是否因强调自己的观点而忽略了妈妈的感受""我是否需要调整我的表达方式""我在感到委屈的同时，是否在意过妈妈眼神中的落寞"。

Q3：一考好父母就显摆

小丛：我今年上高二，这次期中考试我运气比较好，成绩不错。也因为如此，爸爸妈妈老是在别人面前炫耀，夸奖我。一开始，我听着还挺高兴，但他们经常说，像上了发条似的。我说了他们好多次，他们也不改。真拿他们没办法！

兰姐姐 哈哈，这可真是甜蜜的烦恼啊！兰姐姐能感受到你的矛盾心情。一方面因为自己给父母带来了面子而高兴；另一方面又因为他们的"炫耀"而不满。兰姐姐想和你分享的是，有时爱还包含了另一层意义，那就是允许对方用他喜欢的方式表达。在我看来，父母的表现并非是炫耀，而是在为你骄傲。即使这样的表达有炫耀的成分，我想也是可以理解的。

Q4：不愿意和父母说话

阿亚：我的家对我来说像一所监狱，如果考得不好，爸爸就会打我，妈妈就在一旁哭。我根本无法与他们说话，我不喜欢钢琴，甚至恨钢琴，可他们根本不征求我的意见，不听我的解释，强迫我学琴、练琴。他们总认为我的话是狡辩、找借口，要是我再不快点闭嘴，就说不定又会来一场“暴风骤雨”。我的心里常常很难受，没有人知道我在想什么，唯有打兰姐姐热线倾诉的时候方能得到些许安慰。

兰姐姐 说实话，我有点心酸。我们生活的空间很狭窄，除了工作和学习的地方，最温暖最放松的地方就该是家了。粗暴的父亲、哭泣的母亲，这样的生长环境对一个孩子来说，的确像监狱。但你自己要好好努力，不要从心里排斥父母，我相信他们还是爱你的。一个人如果老是对别人充满敌意，这种情绪也会互相影响的。找机会把自己的心里话和不满跟他们平心静气地谈一谈。希望看到你变得越来越快乐！

兰姐姐家庭教育21条

更多地让孩子做主，把孩子推到前台，让孩子尽早独立。生活中，好多家长只盯着孩子的成绩，这样做常常适得其反。我们有理由相信，有独立自主精神的孩子离成功更近。一个孩子的独立还要从练习单飞开始。离开父母和同龄人结伴远行，这种方式里蕴涵着可贵的成长力量。

同学之间：
友谊的小船说翻就翻

Q1：同学看不起我

文文：小学五年级时，老师让大家自由选组做实验。结果没有一个人愿意和我一组。现在我上高中了，我们班的同学对我也不好，他们好像不愿意和我在一起，有时候还在背后说我坏话。我平时从来不找事，可还是人见人厌。有时候我真的想死，不愿意面对我自己。兰姐姐，请帮帮忙！

兰姐姐 文文同学，兰姐姐很理解你的苦楚。在集体当中不被接受是一件无比痛苦的事，甚至比成绩差、家庭出问题还让人烦恼。让我来梳理一下：首先，我发现你非常自卑，这是你痛苦的根源。其实人活在世上，最难面对和逾越的就是自己。先要说服你自己，每个人都有长处，你也不会例外。把自己的长处写下来，每天大声读一遍，练好“内功”才有能力应付外来的侵扰。其次，还要从自身找找原因，想想别人不接受的原因可能是哪些，尽量去改正自身的不足。最后，兰姐姐希望你能挺起胸膛快快乐乐地和别人相处！

Q2：不想失去好朋友

QQ兔： 我是班长，平时要协助班主任管理课堂纪律。今天自习课，一个好朋友破坏纪律，我点了她的名，结果她生气了，说我不把她当朋友。我不想失去我们之间的友谊，兰姐姐，我该怎么办呢？

兰姐姐 我很能理解你现在的心情。一方面，要履行班长的职责，管理课堂纪律；另一方面，又得顾及和朋友的感情，不让她难堪。真的好为难！在两难的情境中不得已点了朋友的名，其实你自己也很难受。但还要换位思考，朋友的心情你也要理解，她可能觉得你当面让她下不来台了，让她觉得没面子。你现在要做的就是主动找你的朋友好好谈谈，先让她把不满发泄出来，再跟她讲你的难处、你的感受，告诉她你的期待。不要急于站在自己的立场上去与对方争辩或试图说服她。兰姐姐相信你会处理好的，你们的友谊肯定不会因为这件事而结束。而且，经过这件事，同学们也看到了你是一个大公无私的班长，你的人气也会上升的。

Q3：好朋友出卖了我

潇潇：我有个死党，我们俩很交心。但是后来我发现，我的很多私密的问题都是她给泄露出去了，我很尴尬，也很愤怒。我以后再也不会相信朋友了，我相信，在这个世界上，没有纯真的友谊。我真是郁闷死了！

兰姐姐 我很能理解你现在的心情。这样的事情不管谁碰到，都会愤怒，都会伤心。可是，情绪归情绪，我们不能因为被伤害就因噎废食，不再相信友谊。首先，对于那些已经被说出去的事，覆水难收，不管是什么，都不要管了。或许它们在短时间内会对你造成一定的影响，但这影响的大小是由你决定的，你不再去理会，它们对你的伤害就会减少很多。兰姐姐特别喜欢一句话：别人说别人的话，我走我的路。这件事你是受害者，但你也有过错。对自己的隐私你没有足够的保护意识，没有慎重地选择倾诉对象，你需要反省。当然，若事实真如此，你也不必过分自责或者由此变得过于小心翼翼，在以后的交友过程中，只需注意她是否也跟你交换了秘密，如果没有，还是对自己的隐私有所保留吧。你们还没有到达互相知根知底的地步。当遇到的人对了，时机对了，友谊一定会更透明。

Q4：我的同桌是“腐女”

豆豆：我是一名高二女生。兰姐姐，我想和你聊聊我同桌。她真的很“两样”啊。她性格内向，不像大部分女孩子，喜欢逛街打扮，而是自小就喜欢在家看漫画、打游戏。有一个暑假她一个星期都没有迈出家门一步。她以前看异性恋爱的漫画，看到男主角和女主角之间的纠葛就会觉得女主角很讨厌，而看描写男同性恋的恋爱小说或漫画就不会产生这种想法，反而觉得他们越折磨对方越好，因为恋爱双方都是自己喜欢的帅哥。后来我才知道，她是“腐女”。我们俩关系还不错，她一直游说我，让我也当“腐女”。但我觉得这样很无聊，但又不好意思和她“撕破脸”。兰姐姐，“腐女”是怎么回事啊？我该怎么办呢？

兰姐姐 “腐女“是“腐女子”的简称，“腐”在日文中有无可救药的意思。这种女孩不喜欢逛街打扮，很少与外人接触，喜欢在家玩游戏、看动漫，尤其沉迷于描写男同性恋感情的小说和漫画。在日本，有这种倾向的女孩都自嘲是“腐女”一族。“宅男”“腐女”“干物女”等词都来自日本。“腐女”一族的成因比较复杂，有些人成为腐女可能是觉得新鲜，赶时髦，有些人可能是出于对同性恋的好奇。“腐女”很少社交，大多是内心孤独的女孩。人在成长的过程中，最大的渴望是被尊重，被看重。如果自我价值迟迟无法实现，或者得不到恰当的展示，有些内向、内心世界又比较丰富的女孩就会以一种标新立异的方式表达自己的意见。无论是“腐女”还是“干物女”，都对生活持有一种消极的生活态度。你现在需要做的是，不要受她的干扰和影响！不要觉得这样的做法挺时髦，在校园里也很“出位”。近“腐”者“腐”！还有，既然是朋友，你也要尊重别人的生活态度，不盲从也不要鄙视人家。摆明了自己的态度，朋友还可以照样做嘛！

Q5：在学校被同桌欺负

于小航：我上小学五年级，我同桌老占我便宜。我身高148厘米，他都快160厘米了，长得也比我胖。他经常把废纸扔到我桌洞里边。最令人讨厌的事情是他影响我听课，上课老和我说话，弄得我很难专心听讲。我该怎么办啊？

兰姐姐 传统的做法是——告诉老师，向老师反映情况，或者通过家长向老师反映，实在不行就要求换位。自己解决这种问题比较麻烦，但也可以尝试。下次他再欺负你的时候，你就跟他说：“下次别这样了，影响我学习，再这样我就不客气了！”你要让他明白，他的做法是错误的，你也不是好欺负的！该拍案而起就拍案而起，不能总被人欺负啊！

Q6：我和舍友的关系很僵

闪电：我在宿舍里老和别人搞不好关系。其实，我对他们还可以，但他们不领我的情。我很想走读，可父母不同意，我很烦恼。我该怎么办啊？

兰姐姐 我看你是想逃避！男孩要学会自己想办法，自己处理问题，憋着不表达才会让你难受到想逃避，所以现在开始勇敢地表达自己吧。送你一句话：你想别人怎么对你，首先你就得以同样方式对别人。但是，欲速则不达。这需要一段时间方能奏效。如果没有耐心，关系就很难改变。

Q7：没朋友很郁闷

claire：从小到大，我跟谁关系都搞不好，连一个好朋友都没有。不管到哪个地方，最后都会和别人搞得不欢而散。我真的很苦恼，也很讨厌这样的自己。我性格孤僻，不合群。现在我既怕别人来接触我，又怕自己去接触别人，喜欢一个人待着……

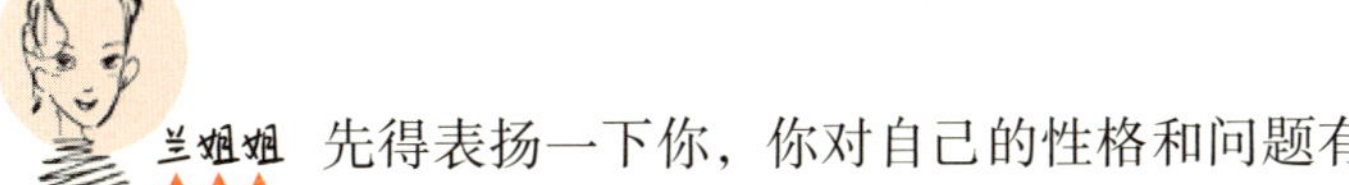

兰姐姐 先得表扬一下你，你对自己的性格和问题有

深刻的反省，这就离解决问题就不远啦！你知道自己性格中的缺点，这是很可贵的，这就意味着你未来的蜕变要从这方面出发。有本书里说：当你发现自己时，生命才真正开始；当你认识自己后，你会发现世界不一样，所有的问题都迎刃而解。所以善待自己比什么都重要。接下来你要做的就是积极地适应环境和不断地调整自己的想法。不是没人在意你，而是别人不了解你，而了解你的人因为你性格孤僻又不想理你。归根结底，问题在你自己身上。只有你先接触了别人，别人才会接触你，或者这两者是同时进行的，但你要迈出第一步！

Q8：我老是嫉妒他

QQ叮当：不知道是不是每个人都会有很强烈的嫉妒心。我发觉我最近越来越嫉妒他了，有时候嫉妒到看不惯他。我们是一个班的，开始关系还好，现在彼此说话越来越少了。他老是在班上张扬，吸引别人注意。班里有个女生，本来对我不错，这学期好像和他走得越来越近了。说实话，我很郁闷。我不想让自己嫉妒他，可是控制不住。

兰姐姐 能把心事说给兰姐姐听，首先感谢你对我的信任。嫉妒心强的人往往事事好胜，常想方设法阻止别人的发展，总想压倒别人。这可能使同学、朋友想躲开你，不愿与你

交往，从而造成了自己人际关系不好，你就会感到孤独、寂寞。建议你转移注意力，化嫉妒为动力。当我们有事情要做时，我们就无暇去嫉妒别人。因此，你要积极地参与各种有益的活动，努力学习，使自己真正充实起来，那么，嫉妒的毒素就不会滋生、蔓延。一个人在嫉妒别人时，总是注意到别人的优点，却注意不到自己比别人强的方面。其实任何人都有不如别人的方面，当别人在某些方面超过我们时，我们可以有意识地想一想自己哪些方面比对方强，这样就会使自己失衡的心理天平重新恢复到平衡的状态。

Q9：钱被同学偷了

大力同学：我今年上高一，在班里我是管收钱的。今天，我把一个同学的钱用笔袋压在桌子上，然后就去收作业了。当我回来的时候，钱就不翼而飞了，我问周围的同学有没有看到，他们说有个男同学拿我的笔袋看了下，接着又放回原处。我想应该是那个男同学拿的，听说他初中就有偷盗前科。我该怎么办啊？80多块钱呢！才开学一个多月，大家还只是刚刚认识，他怎么能这样呢？

兰姐姐 遇到这样的事真的很“衰”啊！但是事情的主要责任还是在你自己身上，东西不能乱放，尤其是钱，要放到妥帖的地方才行。你现在都是高中生了，为了让你更好地吸取教训，兰姐姐说句狠话：“你这是活该啊！这是你该交的‘学费’！”至于如何解决问题，首先你要跟老师说明情况，对别人的话不能全信；也不要戴上有色眼镜看“嫌疑人”，也可能人家是无辜的呢！可以在班里发个“寻物启事”，说说自己的苦衷，说不定钱就会“飞”回来了。

Q10：好朋友竟然告密

初一女生维佳： 我有个好朋友，我对她很好，但感觉她对我不够好，还向老师告我的密，我该怎么办呢？

兰姐姐 不要用自己对朋友的标准来强求别人，或者想“自己对别人好，别人就应该回报你”，这样就不是真正的朋友了。你也要自我检讨一下，看自己有没有做得不对的地方。当然如果觉得自己没有做错的话，那就不要影响自己的快乐。只要付出真心，肯定会找到知心好友的。

Q11：学习成绩好就能盛气凌人吗？

初二学生小颜： 初一的时候，我的成绩还可以，班级排名在二十名左右。可上了初二，学习成绩便开始下滑。原因是什么呢？不可否认我的努力程度不够，但主要原因还是因为身边同学的轻视和讽刺。每次我考得不好，班里那些所谓的优等生就不太搭理我，与他们说上几句，他们就明显地敷衍我。还有些同学甚至会用沉默或者白眼对我。难道学习不好就让我这样令人讨厌吗？仅仅因为成绩好，他们就可以在别人面前盛气凌人吗？

兰姐姐 学校里确实存在着以“分”取人的不良现象，也确实有一部分优等生在极强的心理优越感支配下，轻视贬低落后生。对此我也是不赞成不支持的。不过，对你的一些想法，兰姐姐也有一些不同的看法。你把自己学习落后的原因归咎于“身边同学的轻视与讽刺”。这是把本该自己担负的责任推卸给他人的错误做法。一个人学习不好，有学习基础差、学习习惯不良、学习方法不当、努力程度不够、受外界环境影响等多方面的原因，但不管是哪方面的原因，内因是关键，是根本。如果过分强调外部因素，老埋怨外部环境不理想，自己不加倍努力，不积极改变学习方法，那么成绩就无法进步。试想，如果别人对你不轻视、不嘲讽，而是重视你和赞扬你，你的学习成绩就会自然而然地提高了吗？反之，不论外部对你是褒是贬，是赞美还是贬低，你都能不断努力和自我改进，那么我想谁都无法阻止你取得一次又一次的成功和进步。还有一点，兰姐姐提醒你，不少因学习落后而感到自卑的人，往往有敏感脆弱的心理。由于自信心不足，就容易对他人的反应和态度敏感多疑。由于自己看不起自己，担心别人看不起自己，慢慢就形成了一种心理定势，把别人本来并没有任何含义的言行，主观臆断为轻视贬低自己，从而在心理上形成了与对方的对立。在你这个年龄段，同伴之间的相互影响是最明显的，这个年龄段的孩子会非常在乎别人对自己的评价和态度，你是个自尊心很强的女孩。人的能力是有差距的，只要努力了，问心无愧了，就不要为难自己。别把轻视和讽刺太当回事，也别把什么都当成了讽刺与轻视，记住这两点，赶紧在学习上快步前行吧！

Q12：同学玩闪人游戏

蒙蒙：周末，我和几个同学一起出去玩，我不知道他们怎么回事，老是扔下我和其中一个男生，玩“闪人游戏”，好像有意让我们单独相处。就比如走路吧，大家在一起走不好吗？他们偏要越走越快，故意离我们远远的。以后他们再叫我出去玩，我该不该去呢？

兰姐姐 有两种可能，一是你多心了，再观察一下看看。还有一种可能，就是他们有预谋，在为你们制造“机会”。这个问题关键要看你的态度，可以把自己的想法明确地“暗示”给他们。

Q13：同学背后说我坏话

萧寒：我是个初二女生，最近很郁闷。因为我无意中听到一个女生说我坏话！我真是气愤极了！平时我对她很好，还总是帮助她，没想到她竟然在背后说我坏话。现在我见了她就气愤，一点也不想搭理她了。我对人也开始越来越不信任了。我真不知道该怎么办好了，兰姐姐，你要帮帮我。

兰姐姐 我非常理解你此时此刻的心情，你这样的经历很多人都有过，的确让人难受。生活中对很多人和事我们不能一厢情愿。人和人之间的交往也会有这样那样的误会和误区。而且有时候，由于动机和兴趣爱好的差异，你喜欢的人可能厌恶你，你厌恶的人偏偏喜欢你。在日常交往时，我们要学会经常站到对方的位置上思考问题，设身处地替别人想想，将心比心，可减少许多误会和不愉快。例如，当你发现别人说你的坏话时，你一定很反感，但是你若想想，假如别人真的看到了你的缺点又害怕当面说引起不愉快，你是不是会把反感的情绪减少呢？在与同学的交往中，不要过分在意别人对自己的评价。不少人害羞、怕与人交往、畏惧参加集体活动，其实就是怕自己做不好，怕被别人笑话，因而以“回避”与人交往的方式来保护自己的“自尊”。实际上，人无完人，即使同一件事，不同的人也会有不同的看法。所以，从伟人到平民，每一个人都会受到别人或好或坏、或褒或贬的评价。而且，多数情况下，人们喜欢评价别人的不足之处，也由此，不少人就被别人的口水活活“淹死”了。所以啊，对别人的评价自己要有主见，既不为别人的赞扬而过分欢喜，也不为别人的贬低而焦躁不安，甚至心灰意冷，而要做到“有则改之，无则加勉”，坦然处之。都说当面指出自己缺点的才是好朋友，其实，生活中这很难做到。偶尔听到几句背后的坏话我们不需要总记在心里。也可能她指出的毛病你身上确实存在，好好改正自身的毛病才能真正堵住她的嘴。这样理解，背后的坏话反而成了进步的动力，你说是不是？

学习那些烦心事儿，还是不提了吧

Q1：上高中紧张不起来

新宇：我现在高一了，但是为什么一点紧张感也没有，而且不想学习。我该怎么办？

兰姐姐 有些高中生信奉：高一是玩出来的，高二是学出来的，高三是拼出来的。这种观点其实是个误区。学习是一个连贯的过程，太紧张太放松都不是好事。有时候我们烦恼，往往是因烦恼而烦恼，这时候就不如做点实际的事情，别老是胡思乱想。建议你这样做：把每天要做的事情，包括作业按轻重缓急写在一个小本子上。每完成一项就在其后打钩。这样过一个星期左右，你再翻一翻，看到自己完成了这么多事情，你就会自然地产生成就感，对学习也会渐渐提起兴趣。如果这样还不行，那就只能保持现状，等着在将来的期中考试中失利！

失败会逼得你反思。兰姐姐以前也跟你一样。希望你能体会到认真学习是一件充实有趣的事。

Q2：上中学后不适应怎么办？

阿果：我今年刚上初一，发现初一的生活与小学生活很不一样。在学校里连休息时间也没有，作业很多来不及做。我经常晚上偷偷哭，想念小学的生活。我该怎么办？

兰姐姐 中小学衔接肯定需要一个过程，你遇到的“难题”其实很正常。初中知识比小学的难度更大，而且每个人到初中都要经历一个适应过程。看得出你很着急，很想学好，但是着急是没有用的。只有自己踏踏实实地一步一步走下去才会“豁然开朗”。你必须去适应环境，而不是让老师和同学去适应你。

Q3：班干部很难当啊！

杨阳：我是班干部，今年上小学五年级。我发现同学们真的很难管。前两天，我发现一个同学上课看课外书，我叫他别看闲书，他却说“关你屁事啊”，继续看。我想了一个办法，推他的桌子，使他抖得无法看书！他竟然威胁说要找人揍我！

兰姐姐，你来评评理，到底是他的错还是我的错？

兰姐姐 要我说，你们两个人都有错。你是好心，但方法有问题，再加上对方脾气急，你又这么冲，冲突是难免的。班干部大小也是个“中层”，你处理事情的时候要讲究方式方法，不能在解决问题的同时伤害到对方。只有你给人家面子，人家才能给你面子啊！

Q4：学习效率咋提高？

深海小雨：我今年上初三，学习压力有点大。作业多、考试也多，简直应付不过来了。怎么利用时间才能提高学习效率呢？

兰姐姐 为自己设计一张作息时间表，不要安排得太紧，但要严格执行。还要讲究劳逸结合、文理搭配。琐碎时间也要利用起来，不过最重要的是保证睡眠时间，昏昏欲睡的情况下学习是最浪费时间的。

Q5：高中生应该几点睡觉？

小杜：我今年上高二，我每天晚上十一点睡觉，早上六点起床。父母觉得我睡多了，说“别人家的孩子”都很拼，每天晚上学到十二点。其实，我也知道，想读好大学，牺牲点睡眠也是应该的。我想问问：高中生应该几点睡觉，几点起床？

兰姐姐 这还真没有统一答案，因人而异。无论你怎样调整作息时间，都应该保证第二天有良好的学习状态，不能透支精力，否则会适得其反！学习有效率有方法，身体和睡眠有保障，这才是最有力的提高成绩的法宝。靠拼时间甚至牺牲睡眠时间来学习得不偿失。

Q6：要开学了很不开心

given2：马上要开学了，不知道为什么我很不开心。上学的时候没有这种感觉，一到假期结束要开学的时候，就开始讨厌周围的同学和老师，不想和他们在一起生活，甚至不愿意见他们。我真是很郁闷啊！

兰姐姐 开学前有压力很正常，但不要一味渲染，想得越多烦恼越多。对开学这件事，我从初中一直痛苦到大学：每到放假，从前的烦恼、忧愁就全都化为乌有；可一到开学，从前的事就又想起，一想到未来的日子里要受这样那样的罪，开始郁闷。几乎人人都如此，想开点！等你上完所有的学，回想一下，那些事儿就根本不叫事儿了。

师生关系：
表面笑嘻嘻，内心有缝隙

Q1：班主任老“偏向”

晓威：我最近很郁闷，老是看班主任不顺眼。我觉得她处事不公，包庇成绩好的同学，整天盯着我们这些成绩不好的人说事，现在我一看到她就烦，都不想去学校上学了，我该怎么办啊？

兰姐姐 你这样的孩子肯定是“性情中人”。告诉你，和你以后遇到的人相比，老师是更公平的人。我要说的意思是，你要适应老师，而且你要反思一下，是不是自己戴着有色眼镜看老师了？他的一举一动都被你涂上了颜色，请仔细想想是不是由于自己平时一直存在着这个念头，导致怎么看老师都觉得他在“袒护”成绩好的同学呢？如果把这个眼镜摘下来，是不是自己的想法就会有所改变呢？老师对成绩好的同学笑脸多，其实很正常，因为对老师来讲，好成绩是对他的辛劳的积极反馈。

或许你会说自己很努力却得不到好成绩，但是，诸如努力、上进、勤劳、有礼貌等行为对于老师来讲都是积极反馈，你也可以从这些方面做起。希望你能尽快走出情绪的低谷，改善跟班主任老师的关系！

Q2：我顶撞老师啦！

气球：我今天去学校迟到了，老师不让我进教室。她大声批评我，当时正上早自习，她声音很大，别的班都听到了。我觉得她很不给我面子，我本来想忍的，毕竟她是班主任，可是她真的太过分了！我就顶撞她了。说真的，我的毛病多我也知道，可我又不是故意要迟到。我每天都是6点起床的，还是会迟到。我做事很慢，成绩也不好，在数学课上也的确睡过觉、吃过零食，但我现在好久不这样了，可她也没必要把以前的旧账都翻出来数落我啊，还故意说那么大声。兰姐姐能否告诉我该怎么办？

兰姐姐　呵呵，对你这样一身毛病的学生，老师狠批你是对的，把你的毛病记得那么全说明她是个认真负责的好老师。但大庭广众之下批评你就有点不妥了。老师出发点是对的，方法不当。有的老师心里根本没有学生，懒得管闲事。你们老师对你很够意思了，她注意到了你的每一个细节，而且很有恨铁不成钢的心情。遇到这样的好老师你应该感到幸运。到办公室和老师道歉，是你目前唯一的选择。去和老师好好地聊一聊，她是你的班主任，说说你的烦心事，让老师给你一些建议，最重要的是你要让老师看见你正向好的方向发展。

Q3：老师没收了我的书

火蝴蝶：前天上物理课，下课前几分钟班里有点乱，我就看了点闲书，没想到被老师没收啦！下课前几分钟，大家都在说话，那么吵，我看书怎么啦？老师跑过来把我书给收了，还面带微笑！说我很“好学”啊。培根说过“合理安排时间，就等于节约时间”。我明明是在很好地利用时间嘛，真想不通！

兰姐姐 你是个偷换概念的高手啊，呵呵。先不论是非对错，你的思路明显有问题，找原因的时候没有考虑内因，眼睛只盯着外因。同学纪律乱糟糟，老师无事找事，还把培根他老人家搬出来给你做论据，厉害！无论如何，上课看闲书就是你的错，别叨叨啦！

Q4：手机被老师没收了

闪闪：我在自习课时用手机看电影，手机被英语老师没收了，我说了一堆好话也没用。他非让我找班主任，只有班主任同意后他才还我手机。英语老师非说学校明文规定不准带手机。

其实，若是女生犯了这种错误，他就把手机给人家了，可我是男生，咋办啊？

兰姐姐 我看你真是成问题！明明自己做错事，还给老师乱扣帽子。学校如果确实规定了不准学生带手机，你就不要带。你还利用上课时间看电影，真是有点过分。当务之急是先努努力，考个过得去的成绩，然后再去找英语老师要，或者找班主任承认错误也是个方法。要的时候可以软磨硬泡，多说点好话。这一点兰姐姐也是很有经验的。不过，以后这样的错误可不要再犯了。

Q5：怎样讨老师喜欢啊？

炫动de心跳：我从小人缘差，尤其不讨老师的喜欢。想来想去，可能我对自己要求不太严格，太随便了，说话也不注意。老师都喜欢什么样的学生啊？要投其所好吗？

兰姐姐 你能反思自己的行为说明还有救。古语说得好：“出言要顺人心。”说话口无遮拦确实要改改。兰姐姐觉得你没有必要刻意地让老师喜欢你，做好自己该做的事就好了。另外一个建议就是好好学习，用好的成绩“贿赂”老师也是办法之一啊。

兰姐姐家庭教育 21 条

一个拥抱就能解决的问题，却要用一万句话去批评、指责、伤害，是父母最常犯的错。爱，不是严苛、正确、伟大，而是一片土壤、一个港湾、一隅安心之处。

别跟青春期的孩子较劲

愿此生你比我强大

以新闻视角揭秘教育真相

兰姐姐教育三人行

孩子的性别教育要趁早

某所学校试行新校规，出台“阳刚男生”标准和“秀慧女生”标准，阳刚男生的标准包括崇拜英雄、敬仰模范，爱憎分明、有正义感等；秀慧女生的标准包括举止端庄等。校方认为，现在越来越多的孩子“中性化”，这是性别教育的缺失导致的。推行这样的规定有助于改变“男生不像男生”“女生不像女生”的现状。此条新规定引发了社会争议。

“现在的孩子好像把中性化当成了一种时尚！”学生家长张先生表达了他的看法。他说，校园里，中性化倾向越来越普遍，尤其是受到各种电视选秀节目的影响，男孩缺乏阳刚之气，女孩反而大大咧咧，像假小子。这样的选秀活动对孩子很有吸引力，也很容易导致孩子形成错误的性别观。

性别教育该“觉醒”了

石卉（心理专家）

出台这样规定，表明了性别教育的觉醒。性别教育如今还被很多家长和学校所忽视。人类一降生性别就已确定，但性别意识却是后天培养形成。性别意识对健康人格的形成尤为重要。所谓的性别教育，就是指教育者让孩子认识到自己的性别角色，让孩子形成良好的性别意识。这一点看似简单，其实实践起来还是会遇到很多问题。教育不当就会出现性别错位。性别角色形成的关键年龄是2—13岁。在这一重要时段，教师、家长要重视对孩子的性别角色的培养，当发现孩子有性别错位倾向时，就要让其认识到自己的言行是不合适的，并及时给予矫正。

值得一提的是，在孩子性别教育中，父母的榜样力量是无穷的。家人举手投足中显现的魅力、营造的氛围，会让孩子在潜移默化中受到熏陶感染。如果认为孩子长大了之后性别意识会自然形成，家长往往会错失最佳教育契机。

生活中，你会有意识地对孩子进行性别角色教育吗？孩子的性别教育，你上心吗？兰姐姐在此提醒家长，性别教育比性教育更重要，我们应该提倡性别教育，让男孩更像男孩，让女孩更像女孩。

性别教育不能“晚成”

杨屹（知名校长）

在孩子的成长过程中，我们更多注重的是其品格的形成、知识的掌握、能力的发展、兴趣的激发。其实，关注性别教育也是非常必要的。长大成人后，他们都将承担性别角色，需要正常的社会交往、恋爱、婚姻、家庭生活，性别教育最终的目的就是帮助孩子心理健康发展，养成健全人格。

性别角色形成的关键期是幼年，晚期教育收效甚微。有心理学家认为，孩子在 1 周岁时就已经出现了行为上的男女性别差异，3 周岁时差不多会意识到性别差异。7 岁之前，孩子们就基本完成了对“性别角色”的认同和学习。对低龄儿童的性别教育，应该融入生活的方方面面，包括渗透基本的生理知识和自我保护意识，让孩子进行合适的衣着打扮及居室布置，更重要的是通过行为教育、心理暗示使孩子形成性别角色特质，如：女孩的温柔体贴、善解人意、细致耐心，男孩的坚韧包容、独立奋进、勇于探索等等。当然，这里面有些特质没有严格意义的界定。着眼于孩子未来美好的人际交往与家庭生活，想让孩子具有什么性格，就要善于利用日常生活的点滴小事去引导培养，并给予积极的认可鼓励。摔倒了不怕疼，帮妈妈拎袋子做个小男子汉；自己收拾玩具架，为爸爸夹菜做个贴心女儿。只要持之以恒、坚持不懈，渐渐地，这些不起眼的一举一动定会积淀下来，形成孩子的性格。

倡导“男阳刚，女秀慧”

兰姐姐

有位妈妈把女儿顺利地培养成了名牌大学的学生，在机场送走女儿的时候，她突然想到：忘记了教女儿怎样做一个有魅力的女性。性别教育具体体现在：教孩子成为更优秀的人才的同时，让他修炼成一个勇敢刚毅的男子汉或一个秀外慧中的淑女。现在大多数家庭只有一个孩子，这带来了一些遗憾。有些家长有了女儿还想要个儿子，有些家长有了儿子也想要个女儿，于是有些家长靠男孩女养或女孩男养来满足自己的心理需要。这样时间长了就会对孩子造成不良的影响，让他们对自己的性别意识模糊。

在美国，家庭和学校很早就开始对孩子进行性别角色的教育。比如，当一家人走近一扇大门时，母亲会让3岁的儿子打开门，理由是：儿子是小男子汉，应该学会照顾妈妈。因为孩子是男孩，所以，更要勇敢，更要有责任心，更要照顾女性。男孩要有男人气，女孩更要注重细节，这是美国父母心中已约定俗成的育儿观。

性别意识对孩子性格的形成影响巨大。对此，家庭以及全社会都应该给予充分的重视。一方面社会要有鲜明的性别特点倡导导向；另一方面家庭也要有针对性地培养孩子，把男孩子当男孩子教，把女孩子当女孩子养。男女有别，各安其位，才可能培养出品质优良、性格健全、健康文明的下一代。

兰姐姐家庭教育21条

女儿要富养“教坏”了一批人！都说女儿要富养，其实这句话有很大的误区，许多人表面地将这句话理解为对女儿物质上的有求必应和情感上的一味宠溺，而忽略了对其自理能力、自立精神和自尊自爱品质的培养。父女关系对女儿的影响在某些方面甚至超过母女关系。

兰姐姐教育三人行

青春期，同伴影响最大化

“也领着孩子看了心理专家，讲道理讲得嘴皮子也要磨破了，可孩子还是没什么起色！”家长王女士向兰姐姐“控诉”上初一的女儿琪琪。王女士说，女儿上了中学变得很叛逆，不愿意和大人交流，家长一说她就烦，而且她对客人也没礼貌，让人很生气。

“半大孩子气死人。”进入青春期，好多家长感到孩子特别“难缠”，亲子关系也经常处于“战备”状态。接听的“兰姐姐热线”中，听到家长抱怨最多的就是青春期的孩子难管，亲子矛盾多，有些家庭甚至“战事”不断。家长们都知道孩子到了青春期容易逆反，也明白家长要放下架子，多和孩子沟通。具体应该怎样做，好多家长还是不得其法。

青春期是结群性最高的年龄段

张蕾（心理教授）

有人以为青春期的教育主要是性教育，其实，青春期教育更侧重于情感与操守的教育。情感不能灌输，也不能封堵，只能陶冶；操守不是教条，而是在行动中形成的品格。朋辈教育是青春期教育的重要途径之一，青春期教育就是让男女同学在健康有益的活动中，不断升华情感，促进彼此良好性格的建立，实现心灵共同成长的过程。

青春期是结群性最高的年龄段，这个时期的孩子最爱交朋友，非常看重友情，家长要帮助孩子建立真正的友情观，尊重孩子，也让孩子学会尊重。家长也要学会尊重孩子的朋友，欣赏孩子的朋友。如果家长能看到孩子朋友的优点，他们也会接纳你，让你成为他们的大朋友。青春期的孩子最需要的是父爱、母爱、师爱和友爱，而不是情爱，但如果他们享受不到这些，就容易过早地谈情说爱，甚至突破道德底线，危害身心健康。

家长是孩子同伴交往的引领者，要引导孩子多参加丰富多彩、积极向上的活动，尤其是团体性的活动，使孩子在共同活动中释放能量，增长才干，发挥潜力，学会合作。如果他们的生活得到升华，变得充实快乐，他们就不会陶醉在虚拟的网络世界。家长也是孩子同伴交往的守望者，要负起责任。毕竟孩子涉世不深，自制力还不够强，如果家长放纵不管，难免会出现越轨行为，带来生命中无法弥补的缺憾。年轻的心灵好像一片芳草地，需要经常捉去害虫，除掉杂草，精心浇灌，才能馨香美丽，生机盎然。

同伴教育有时比专家还管用

王祖荣（知名校长）

青春期的孩子普遍有一种不安全感和焦虑感。与此同时，他们的独立意识也在逐渐觉醒，遇到问题时不再一味地依赖家长，顺从老师，而转向同辈群体寻求支持，希望有密切的朋友来陪伴自己，理解自己，支持自己。他们会为自己建立起一道防范性的边界，共同面对成人世界的挑战。从这个意义上讲，同伴关系的好坏决定了孩子是否被同龄人所接纳，这种被接纳感关系到孩子的自尊心、自信心的培养。因此，青春期的同伴影响远远超过大人，有时好的同伴教育比专家还管用。

怎样对孩子进行同伴教育呢？首先，家长要引导孩子学会人际交往的技巧，鼓励他们主动寻找朋友，建立相对密切的同伴关系，不让孩子有孤独感。同时教会孩子学会关心同伴，坦诚地对待同伴。生活中充满了矛盾，同伴之间难免有误解，只有坦诚交往，才能维持友谊。在校园里，社团活动是最好的平台，大家因共同的兴趣而来，又为共同提升而协作，在协作中相互影响，相互教育。此外，校园文化节、艺术节、体育节、科技节、踏春节等都是同伴教育的大舞台，在这些健康快乐的节日活动中，青春的生命得到激扬，男女生的交往变得自然大方，健康的友情得以发展。

当心！正在凝固的"水泥期"

兰姐姐

"进入青春期，大人的话孩子越来越听不进去了！"我经常听到这样的抱怨。家长别心急，这说明我们的孩子长大了，进入了成长的另一个阶段。我们再用以前的办法教育孩子就会失效。"别让道理伤了孩子！"这是一位心理专家给家长的忠告。一些家长不理解，我给孩子讲道理又有什么错啊？其实，进入青春期，父母的说教往往抵不上同龄人的影响。

人们通常愿意听取年龄相仿，知识背景、兴趣爱好相近的同伴、朋友的意见和建议。青少年尤其如此。特别在一些敏感问题上，青少年往往能够听取或采纳同伴的意见和建议。青春期在情商学上被称为"正在凝固的水泥期"。这时，孩子85%—90%的性格都已经形成了。在这段时间里，由于学业压力日益繁重，学习习惯逐渐养成，孩子又急于尝试独立，试图从思想上逐渐挣脱父母的束缚，在更大程度上容易受到同伴的影响。因此，父母需要格外关注，但不能冲锋在前，让孩子成为他成长过程中的主角才是最关键的。在此，兰姐姐提醒家长压抑住讲大道理的习惯，多给孩子静悟的自我空间，鼓励他多结交同龄朋友，学会选择朋友和维护朋友关系的技巧，在同伴教育中快乐成长。

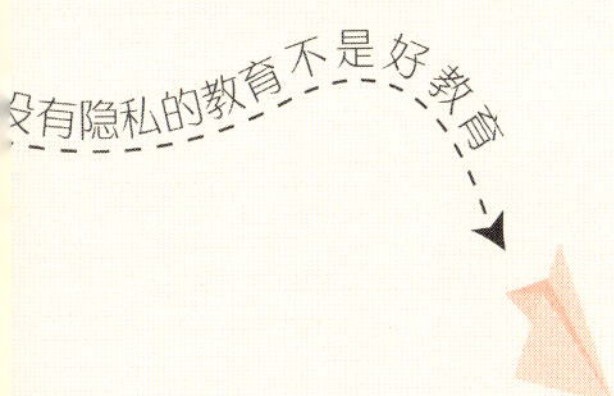

师生关系该如何保温

愿此生你比我强大

送给老师最好的礼物是什么

兰姐姐教育三人行

惩戒教育的"度"在哪里

15年前，笔者所在的报社收到了一份读者来稿——青岛市旅游学校邵竹君老师的《不缺激励，不缺沟通，缺的是管教》。当时，我们以"学生欠管教吗？"为话题做了一系列追踪报道，不但在青岛引起了热烈的反响，而且在全国范围内掀起了一场教育大讨论。

2017年立春过后，青岛市政府颁布了地方性规章《青岛市中小学校管理办法》。其中特别提出"中小学校对影响教育教学秩序的学生应当进行批评教育或者适当惩戒"，再一次引发了全国热议。

关于赏识教育和惩戒教育的话题一直是我们特别关注的焦点。兰姐姐特别邀请岛城知名青少年成长专家、心理专家，共同把脉，深入探讨惩戒教育的"度"到底在哪里？

找准惩戒教育的正确“穴位”

曾莉（心理专家）

惩戒和批评、赞赏一样，都是教育的必要手段。

然而，因为中国的传统教育不重视赏识，所以，二十世纪九十年代有人提出赏识教育，立即受到了人们的追捧。一时间，“赏识教育”几乎成为现代教育的代名词。对“欣赏、尊重”的过度看重，导致人们把赞赏和批评、惩戒对立起来，使得学校教育中，赏识过多，批评缺乏，惩戒罕见且无力度。

事实上，赞赏并不排斥批评和惩戒。赏识让学生自尊、自信；批评让学生明是非、懂规矩；而惩戒让学生懂得“犯了错误是要付出代价的”。三者都是学生成长过程中的必要教育手段，相辅相成，共同濡养学生的精神品格，使学生健康、向上、可持续发展。

说起学校教育中的惩戒，大家都担心度的问题，但赏识、批评同样存在度的问题，过犹不及，找准教育的正确“穴位”至关重要。不是出于对学生真爱的惩戒，就是泄私愤，很容易过度。同样，不是出于对孩子真爱的赞赏，也是为了满足家长的私欲，同样很容易过度。

前几年去新加坡考察学习，我惊讶而好奇于那里仍在实行的“鞭刑”。那里的教导主任告诉我们：“鞭打只适用于严重违规违纪并造成恶劣后果的或日常违规违纪持续升级并屡教不改的学生。只有校长有权力执鞭，并事先和家长沟通好，同时有心理老师及时跟上，对受惩戒的学生进行心理辅导。”这样，可以让学生明白，老师惩戒的是他的错误行为，关爱的则是他这个人。新加坡的“鞭刑”当然不适用我们的教育环境，但惩戒的原则值得借鉴。

只有赏识的教育是不负责任的教育

赵爽孜（心理学博士）

最近我在一些心理辅导书上看到帮助孩子建立自尊的内容。书中作者告诉孩子早上起来对镜子大喊三声“我最棒！我最好！我最酷！”就会自我感觉良好。书中插图上画着鼓励的手，写着“我为自己喝彩！”对此，我不以为然。自尊不是靠自我膨胀就可以得到的。自尊必须来自别人对你的尊敬，以及你对自己的认可。别人对你的尊敬来自你自己的内在人格完整与外在卓越表现。这种口号式的教导是虚伪的，就像无意识的恭维，孩子们很快就会发现它是假的、骗人的。“自我感觉良好”必须和“自我表现良好”相辅相成才有用，没有“自我表现良好”

支撑，“自我感觉良好”就像气球一样，一戳就破，反而会使孩子没有信心。我不鼓励让孩子“感觉良好”，更愿意教他们“表现良好”的技巧。这需要规矩、时间、耐力和反复的练习。

没有规矩，不成方圆。让孩子在成长的过程中，懂得为自己的过失负责。一个能承担责任的人才是现代人。没有惩罚的教育是一种脆弱的教育、不负责任的教育。

最简单易行的对孩子的惩戒矫正方法是 timeout 和 timelimit（罚时出局和限时）。例如罚时出局矫正中的面壁思过有助于孩子反思行为后果，结束后家长老师必须及时采取行为后果评估，矫正行为。而在限时矫正中练习数一盆豆子，这对一些粗心大意，注意力不集中，做事不坚持的孩子很有帮助。这就是适度的惩戒。出现问题行为时马上惩罚，因为在孩子心中事情的因果是密切联系的，溺爱和娇宠是形成孩子独立性格的最大障碍。针对大一些的孩子的惩戒行为，如：限时离开教室，早到晚离校，运动限制等，这些非体罚的教育方式是为了减少负面行为的后果，同时提高孩子心理承受力和抗挫折能力。要让孩子知道少犯甚至不犯错误，就要对孩子提前告知规则，让孩子明确规则。赏罚平衡的教育会让孩子养成谨慎自律的习惯。

我发现，有个最佳的教子时刻被好多家长忽视了。严厉的管教之后其实是亲子沟通的最佳时机。当父母与孩子的“战事”停止，犯错的孩子因为内疚和不安会急于求助，而此时明白的道理可能使他刻骨铭心。因此，父母不应该害怕冲突，或者在冲突出现时退却。家长们要把冲突看成重要事件，因为它提供了跟孩子交流和沟通的机会，冲突平息后的谈话会达到事半功倍的效果。这样，管教孩子就有了一个爱的结尾。

现在的孩子缺的不是赏识，而是管教！

兰姐姐

若你不能使一个五岁的孩子把玩具从地上拾起来，你就不可能在孩子步入青春期——这个一生中反抗最激烈的时期后对孩子施行任何有成效的管理。这句话值得家长朋友深思。好多家长抱怨孩子越大越不听话，越大越管不了。其实都是孩子幼年时缺乏有效的管教留下的“后遗症”。

最近 20 年，赏识教育大行其道，成为主流教育观。众多追随者普遍信奉好孩子是“夸”出来的。与之相“匹配”的，现在的老师们也越来越普遍地达成了这样的“共识”：不能多批评孩子，更不用说惩戒了。

据了解，义务教育阶段，老师们最头疼的是来自问题学生的直接对抗和挑衅，初中的阶段的孩子处于青春期，这个阶段是逆反高发阶段。某初二学生晓航（化名）在任课老师们的眼里简直就是个小“恶魔”——骂老师、打同学，破坏课堂纪律，甚至参与校外抢劫！一位教龄近三十年的老教师无奈地说：“现在的孩子个性越来越张扬了，没什么惧怕。”老师和孩子一旦产生矛盾和冲突，家长和社会舆论都目标一致地指责老师，认为老师的服务意识淡薄，使得老师对问题学生管都不敢管！一旦管过火了，老师轻则受警告，重则离岗。现在的学生变质学坏，与老师不敢管是有一定关系的，这不是靠学校一己之力所能解决的，值得大家从多方面反思！

用鼓励的方式培养孩子固然可以培养他的自信，但过度的赏识教育让孩子的成长过于“甜腻”，缺少了硬气和责任。真正好的教育从来不是单一的，而应该是多种方式的协调和融合。我们在提倡表扬、奖励、赏识的同时，也不应该忽视“惩罚”在教育中的积极作用。

惩戒教育的“入法”单从理念上来讲有它积极的现实意义，如何落到操作层面上，对学校和老师提出了更高的要求。惩戒教育中管的限度与放的边界问题是值得教育工作者特别注意的。

送给老师最好的礼物是什么

老师是个良心职业，现在老师越来越难当，当老师不仅要拼智力，还要拼体力，真的很辛苦。中国是礼仪之邦，每逢教师节，家长们总想以礼相待，向辛苦的老师“表示表示”。可以看出，全社会越来越尊师重教，诸如“无私奉献”“人类灵魂的工程师”之类的赞誉之词毫不吝啬地献给了老师们！这当然是好事。但在教师节这个节日里，与其一味地为老师唱赞歌，倒不如躬身倾听一下他们内心的声音。无论我们把教师这个职业“抬”得多么高，从事在其中的人也都是平凡的，我们更多地需要以平常心去看待老师。

其实，理解是送给老师最好的节日礼物。老师们的心声是：如今，当学生，当家长，当老师都不易！老师们在乎的并不是什么贵重礼物，而是家长的真诚理解。如果孩子毕业了，师生情还能延续，这对老师来说，就是最好的礼物！

理解的前提是了解。现在的老师越来越难当了，并非单纯授业解惑，还需要不断创新、跨界！因为学生和家长的诉求越来越高、越来越广泛，一不学习就可能落伍，被学生看作“老土”。面对应试教育的社会大环境，面对以“升学率”“重点录取率”为主要指标的工作评价体系，老师所感受到的压力和竞争愈来愈烈。可以说，被应试教育的绳索绑得最紧的，不仅是孩子，还有老师。

尊师更应该言传身教。除了父母以外，老师是孩子们接触最多的成人群体。和老师沟通的主体应该是孩子，而不是家长。家长需要起到良好的媒介作用，而不是背着孩子“暗箱操作”。师生之间如何更好地沟通，怎样培养孩子学会感恩，这都需要孩子在成长的过程中学习和练习。教师节将至，我们不仅要对孩子的老师表示节日的祝福，也可以带着孩子一起去看望自己的老师，这样的传承应该更有意义。

兰姐姐教育三人行

没有隐私的教育不是好教育

当下，移动互联网时代，越来越多的人追求快捷和透明度。近日，某小学老师发现，学生还没放学，自己上课说的话就进了家长朋友圈。“玄机”是家长给孩子戴了有远程监控功能的手表。这让老师感觉头上有把倒悬的利剑。老师的隐私被侵犯，学生被监控也感觉不爽。河北邯郸某中学实行“教师全程随班办公”的模式，教室后部连着班主任办公室。班主任可以通过窗户随时掌握班级动态，这种结构好像医院的重症监护室，也像犯人审讯室。都说教育要公开透明，那么，老师和学生的隐私又该如何保护？这二者的关系又该如何恰当地处理呢？

多一些信任，少一点功利

马林（知名校长）

世界之大，无奇不有，这边是家长监听教师，那里有学校监视学生。就事论事，可以说两件事分别是家长侵犯了教师的隐私，学校侵犯了学生的隐私，即使他们的做法没有触碰法律底线，也应当受到道德谴责。但真要这么说，这位家长可能不服：“我是在维护自己孩子的利益。”他的逻辑应当是，为了保护孩子不受委屈，不惜把老师列为假想敌。学校也会感到冤枉：“我们是为了督促学生学习。”校方可能想，为了能提高学生的成绩，牺牲一点他们的自由又算得了什么？两则新闻都发生在学校里，但板子不能全打在教育制度上。这些事件表象是师生的隐私被侵犯的个案，本质是社会上信任缺失，功利至上意识在教育的投射。对这种现象，我们治标更要治本，在社会层面上，亟须建立诚信为本的法治环境，建立信守承诺光荣，背信弃义可耻的文化氛围，形成互爱、互信、互助的社会氛围。从教育的角度思考，摒弃急功近利思想，回归教育本源永远是教育的要义。我们教育工作者应该牢记斯宾塞的教诲：“教育与自然界中万物的生长规律是一样的，必须要宁静、和谐、渐渐地发展，必须要耐心地等待。”决不能以损害学生的身心成长为代价换取升学率。

站在家长的立场，建议父母们以平等、信任的心态参加到对孩子的教育过程中来。在教育孩子的过程中，父母是绝对不能缺席的。一要言传身教，负起家庭教育的责任；二要齐心协力，支持学校教育的工作。家长既不能放弃义务，也不要越俎代庖，对学校和教师无端的怀疑、指责只会给孩子的成长带来负能量。这样的负面新闻毕竟只是个例，相信通过家长和学校的共同努力，信任会更多，功利会更少，让孩子成为一个快乐的人的教育目标会更容易实现。

教育被监控，等于“天天在打折”

曾莉（心理专家）

在这里，我主要想谈谈教师隐私的问题。家长们给孩子佩戴监听手表的本意也许是为了掌握孩子课上、课下、放学后的各种情况，捎带着也了解一下老师的教学，当然也包括及时发现老师不当的言行举止和可能对学生的伤害，以及防止孩子回家谎报消息。这本无可厚非。但是从老师的角度考虑，被家长实时监听，其连带影响超出了家长的预料。被监听后老师会做何反应呢？一方面，课堂上老师不仅要传播知识，有时还需要自由抒发激情。若老师们都被实时监听，言论随时可能被传到网上，面对几十个家长的审视，老师就很难忘我地投入教学。另一方面，近几十年来，家庭教育、学校教育中重智轻德，重赏识、轻批评、少惩罚的德育生态，让老师们在育人工作中举步维艰、事倍功半。而老师在严格甚至严厉管教学生时，谁也不能保证老师说的每一句话都没有“走火”的时候。若家长们还要实时监听，老师自然会感到“头顶上一直有一把悬着的利剑”，为了自保，老师就要“但求无过”，对孩子的教育定然会大打折扣。家长“监听”，反映了家长们对孩子的过度牵挂和对校园生活感到不安。我理解家长的心情，但权衡利弊，该怎么取舍，我相信家长们会做出明智的选择。

隐私不可欺，没有秘密长不大

兰姐姐

这两则新闻虽然都是个案，但它却引发了广泛的关于隐私的思考。无论是教师还是学生，都需要有自己的成长空间。紧盯别人的“直升机父母”易教出两面三刀的孩子。同样，监听监视下的老师，教育教学质量也会大打折扣。那么，问题来了，家长到底应该怎么做？我想从家庭教育的角度谈谈看法。“没有秘密长不大”是我主持的一则栏目的口号语。一直以来，“兰姐姐热线”接到了不少学生的求助电话，“控诉”爸妈对他们隐私的侵犯。爸爸妈妈们从最早的翻日记，查看网上空间到监控短信、微信，甚至实施跟踪、取证等刑侦手段，亲子间的矛盾也在持续升级。

我们理解父母的心，父母想让孩子在自己的眼皮底下长大。让孩子安全地成长，这是每一位父母最纯朴的心愿。家长往往不习惯逐渐长大的孩子有自己的秘密，有不愿倾诉的心事。但实际上，青春期是形成自我意识的关键时刻，秘密很多时候意味着独立面对和承担责任。一旦孩子的秘密被成人揭底，孩子稳定的心理就会变得紊乱，就会对父母产生激烈的抵抗感，造成亲子关系的疏远。所以，明智的家长最好睁一只眼闭一只眼，在保护孩子的前提下，哪怕发现了他的隐私，也最好不要当面挑明，更不要当众揭穿，这时候适当的糊涂比聪明更重要。同时，提醒大人们，对别人家孩子的分数、名次也不要过多地询问，这也是孩子隐私的一部分。如今，数字化时代来临，个人隐私的保护也要从娃娃抓起。隐私不可欺，对孩子隐私的保护必须与时俱进。

孩子微评论

辛星辰（高一学生）：“自由”这个词在孩子心里被埋

得有多深，家长可能从来都不知道。因为爱的缘故，懂事的孩子选择了妥协，在爱成了捆绑的时候，有的孩子只能默默地期盼自己快点长大。适当地放手是每一个家长都应该学习的功课。

张童瑶（初二学生）：我认为父母想知道孩子的隐私一方面是出于关心，另一方面也是因为好奇。但父母也是从我们这个年纪走过来的，也有过成长的烦恼，所以他们应该理解孩子，在孩子心理健康的前提下给他们一些自己的空间，比如进门前先敲门，不要乱翻孩子的东西，给孩子应有的尊重，等等。

张智超（初三学生）：我认为只要在一定的原则下和能力范围内，我们孩子自己的事应该学会自己解决，家长不要过多干涉，不要让我们错过自我成长的好时机。

宫馨（初一学生）：我有自己的小秘密，但爸爸妈妈一般不会过问，我们都很尊重对方的隐私，我认为这是非常必要的。

傅子千（初中生）：我觉得家长应该多给孩子一些空间，维护孩子的隐私，不要刻意追问孩子的考试成绩，考砸了不要给孩子太多压力，因为考砸了，心里最不高兴的是孩子。

史舒懿（初二学生）：成长过程中我们都有自己的秘密，

不告诉父母是因为自己有能力可以独立面对、处理，不希望父母替我们承担责任，想少给他们添麻烦。我认为父母对于孩子的隐私不要过分追问，但也要有适当的关心，让孩子明确感受到父母对他们的爱。

侵犯隐私，孩子最反感！

“侵犯隐私”的确是青少年成长阶段同学们最在意最反感的事，而父母也成了“侵犯隐私”项得票最多的主体。隐私是在孩子内心自由生长、独立承担的小宇宙，而隐私的界限往往容易成为孩子成长过程中与父母较量、冲突的敏感地带。“直升机父母”、课余生活全程“包办”、家庭群聊等现象，成为妨碍青少年隐私保护的主要形式。有同学表示，父母往往希望给予孩子 360 度无死角的爱，殊不知没有缝隙的爱往往捆绑了孩子的成长，千万不要“有爱就任性”！

兰姐姐教育三人行

数字时代，到底还需不需要家访

“家访真的很少见，我女儿都上高中了，可从未接待过老师家访！”说起“久违”的家访，徐女士告诉我，孩子上了10年学，从来没有一名老师到家里家访过，倒是她经常主动找老师，向老师介绍自己孩子的情况。说起自己上初一的时候，班主任带着两个班干部冒雨到她家家访的情景，徐女士至今仍然感觉温暖。我们发现，随着手机、网络技术的普及，电访更多地取代了传统意义上的家访。但“到家”家访的感觉和效果是电访无可替代的。

家访别成了遥远的记忆

张蕾（心理教授）

现在四五十岁的人差不多都有老师家访的记忆。那个时候学生住得比较集中，离学校比较近，老师经常家访。家访时，爸妈恭恭敬敬地请老师落座，让学生给老师沏茶，感激的话说不完；老师也会把学生的各方面的表现做一下分析，学生、老师、家长在轻松愉快的气氛中度过半个多小时后，老师接着去另一家了。那时候学生们都盼着老师家访，享受家访，觉得家访的时候跟老师特别亲，一点也没有距离，好像在师生关系里融进了亲情。

如今通信联系方便了，生活节奏加快了，学生住得没有那么集中了，老师们学习进修的压力比以前大了，家访的时间和频率也渐渐少了。现在家校互动主要是通过电话、网络进行，或者是家长校访。这种变化是教育大环境及教育内在诸要素悄然改变的自然结果。我认为应该把家访的主动权重新交给老师，不必再三提倡，让老师根据教育的实际需要和教学的客观需要自行安排。值得注意的是家访过程中有些精神要始终贯穿，就是——注重情感培养，建立深度沟通，师者甘居下位，托起学生心灵。这是教育工作者应有的一种情怀、一种境界，不管是老师家访还是家长校访，老师都应以这样一种心态和品格与家长和学生相处，这是师爱纯洁高尚之所在，是教育根本之所在。

“到家”的交流最有效

马林（知名校长）

对于家访，大多数家长持肯定态度，他们盼望老师们能够回归家访的老传统，教育局也有相关的具体规定。但近年来，家访这一家校联系的惯常手段却受到了一些质疑，影响了班主任特别是年轻班主任的家访积极性。疑问主要有三个。一是信息时代联络手段丰富多彩，电话、短信、QQ 可以随时随地、省时省力地沟通，何必劳师动众地家访呢？二是随着社会经济发展，生活节奏加快，家长忙，老师也忙，专门拿出时间见一面到底值不值？三是老师要到学生家中拜访，对注重隐私的现代人来说，他们是否接受和欢迎？这些疑问不无道理。教育固然应随时代发展，但起码到今天，家访依然是不可替代的教育手段，要坚持和提倡。首先，教育的本质就是沟通，没有沟通就没有教育。在教师与学生和家长沟通的各种手段中，面对面的语言交流，无论深度与广度，都是其他手段无法代替、无可比拟的；其次，教育是需要家庭和学校齐心协力来完成的事业，而家访就是教师与家长（包括学生）增进互动，形成合力的最佳平台；

第三，影响人的成长最重要的因素无外乎遗传和环境，家访有助于教师了解学生的家庭环境，更有针对性地促进每个学生的成长。近年来，青岛市教育局和各个中小学校组织开展了“万名教师访万家”的活动，实验初中就有部分班主任利用一个假期几乎走遍了班级所有学生家庭。当然，要让家访这件好事做得更好，教育行政部门和学校应当给予一定的政策和物质的支持，也期待家长能积极主动地参与，特别要提醒各位老师们，一定做好家访对象、时机、内容的预设，使每次家访都成为学生成长的一个台阶。

家访最好“两厢情愿”

兰姐姐

不可否认，上门家访，作为传统教育“法宝”，有其可行性和必要性。老师到学生家中，可以对其家庭环境和气氛、家长素质、亲子关系等做深入的了解，这是最好的家校沟通方式。而且，这也是化解家校矛盾的有效渠道。老师到学生家家访，会让学生感到老师心中装着他，这对学生来说是莫大的鼓励。但现实情况是，能够坚持家访的学校和老师并不占多数，特别是任课老师，有的教龄10余载却从未家访过一次。不少老师私下里诉苦，家访其实是一件费力不讨好的事情。家访说起来简单，做起来颇有难度。全班几十个学生的居住地很分散，尤其是一些热点学校，学生可能住得离学校很远。一家一户地家访要花费很多时间，有时老师还遇到家长闭门谢客的尴尬。而且现在的家长越来越注重隐私，有的老师去家访，家长直接不让进门，把老师“请”到了茶楼。其实，家访不能是一阵风，更不能像一项任务，强制要求家访率达到多少，会给家长和老师增加不必要的压力和负担，家访也应因人而异，最好“两厢情愿”，这样才有实效。

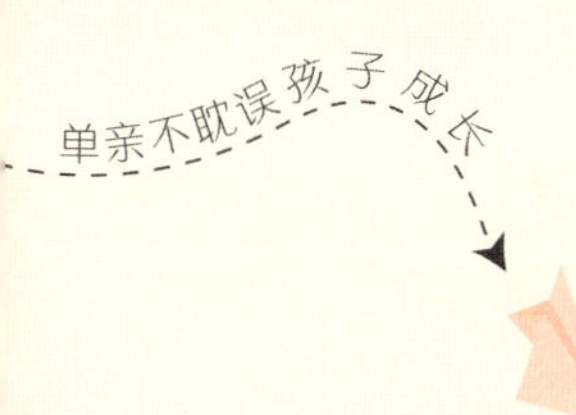

特殊家庭该如何教育孩子

愿此生你比我强大

留守儿童是中国教育的一种病

留守儿童是中国教育的一种病

浙江9岁女童章子欣失踪遇害的新闻让很多人揪心虐心，真是太令人心碎了！“常存单纯之心，深味复杂人性。”现实中人性的丑恶永远比想象中残酷。被骗的老人不是纯朴善良，而是愚昧无知！痛失女儿的父母不是忙于生计，是不负责任！这一切，给了邪恶之人可乘之机。保护好自己的孩子是为人父母最基本的要求！我们在同情、愤恨之余，更应反思的问题是中国留守儿童现象，这是中国教育的一种病、一种隐痛和巨大的隐患。

心酸：谁对她好她就黏着谁

子欣是留守儿童，父母在外地打工，一直是跟着爷爷奶奶生活。后来家里来了两个租客，他们有预谋地亲近子欣。新闻报道中说：子欣从小和爷爷奶奶生活，谁对她好，她就黏着谁。这是令人最心酸的一句话，也是最无奈的现实。

留守的少年儿童正处于成长发育的关键时期，他们无法享受到父母的关爱、引导和帮助，成长中严重缺少父母情感上的关心和呵护。这也是弱小的子欣心理上的空洞，让坏人有了可乘之机。所以父母一定要在力所能及的情况下，给孩子最多的爱和陪伴，让他们知道：父母的爱是充分的，不要为了别人简单的示好而轻信任何人。

问题：留守儿童之殇，需用一生来治愈

据调查显示：中国留守儿童已逾 6000 万人；70% 的父母回家的次数年均不足 3 次，有的父母甚至几年才回家 1 次；近 30% 的留守儿童与父母通话、通信频率月均不足 1 次。由于父母长期外出，留守儿童的情感需求得不到满足，遇到心理问题

得不到正常疏导，极大地影响了其身心健康，埋下了人格扭曲的隐患，甚至会出现犯罪的倾向。一项调查显示，青少年犯罪中留守儿童所占比例高达 20%。“留守之殇”让这些孩子很难长成一个结结实实的幸福之人，有的人甚至一生也难以治愈童年的伤痛。

留守儿童这一社会现象无疑给中国日后的发展埋下了重大的隐患。留守儿童无论是学业、心理、健康、前途都是值得我们关注的。如果不及时采取有效措施解决他们身上出现的问题，使他们在平等、和谐的环境中健康成长，小到未来其个人成长，大到国家发展都将受到不良的影响。

提议：生活再不易，自己的孩子也要自己带！

看过一个纪录片，四川有两个留守姐妹，一个读三年级，一个读五年级，他们的父母在广东打工，已经八年没有回家了。后来有两个志愿者带着两姐妹远赴广东，终于让他们和父母见了一面，虽然是短暂的相处，但对这两个孩子来说是弥足珍贵的经历。她们终于感受到了父母的怀抱。

生活虽然不易，但是在孩子最需要陪伴和关爱的时候，父母长达八年不回家，我感觉这是不可原谅的。说得狠一点，这是以被生活所迫、赚钱养家之名行不负责任之实。孩子不一定非要富养，但缺失父母陪伴的童年肯定是不完整的。生活再不易，自己的孩子也要自己带！每个孩子都是一块未琢的璞玉，只要心里装有父母和亲人的爱，他们就有积极向上的原动力，就会学得更棒，做得更好，成为更好的自己。

兰姐姐家庭教育21条

爱是一个子宫，包容我们所有的不安、躁动，甚至阴暗和失态。当一个人处于强大的安全感中，成长是自然而然的，成为一个幸福的人，也是自然而然的，甚至成功，都是自然而然的。

兰姐姐教育三人行

单亲不耽误孩子成长

“孩子特内向，有时候一整天都不笑，我真是没辙了！”单亲妈妈李女士向兰姐姐倾诉自己的苦闷。李女士说，自己三年前离婚了，独自带女儿，但最近对女儿非常担心，以前活泼开朗的女儿变得非常内向，这样下去，真担心女儿的心理出问题。

近年来，单亲孩子的数量持续增多。几乎每个班都有单亲孩子，有的班甚至近一半的孩子来自离异家庭。单亲孩子的教育问题一直是个备受争议和让人困扰的话题。孩子的成长不能重来一次。无论遇到怎样的家庭变故，对孩子的教育，家长都要负起应负的责任来。

父母能否尽责与单亲双亲无关

李克富（心理专家）

“单亲家庭”的“教育问题”把“单亲家庭”和“教育问题”放在一起来思考、研究和讨论的背后，其实有一个基本的假设，即相较于双亲家庭而言，单亲家庭在教育孩子方面存在着更多的问题。在我看来，这样的假设是站不住脚的。遗憾的是，社会大众对这种心理上的“刻板印象”缺乏基本的自觉，因此难以意识到它所造成的偏见甚至歧视。

现代社会单亲家庭很多，而且会越来越多。众多单亲家庭的孩子在教育方面也的确存在一些问题。但两者之间现象上的相关并不意味着因果上的直接联系。单亲或双亲是家庭的结构，结构的改变不能更改孩子与父母的血缘。大量的研究发现，对孩子教育的过程和结果真正起作用的不是家庭的结构而是父母亲所发挥的功能！这话可以通俗地表达为：爸爸和妈妈能不能对孩子尽到该尽的义务，与双亲或单亲无关。无数单亲家庭教育的成功和无数双亲家庭教育的失败，可以为此提供佐证。把教育过程中出现问题的原因简单归结为单亲家庭，把家庭功能缺失的原因归结为家庭结构的变化，反映出单亲父母的无力和责任感的缺乏，其深层原因是父性或母性情怀的丧失。

双亲甜蜜，单亲也未尝不快乐

王珏（知名校长）

生活中，单亲家长所担负的责任和压力远远大于双亲家长。不过，一位心理学家曾说："教育的成效不直接取决于家庭完整与否。"美国总统奥巴马就来自单亲家庭，但是母亲和外祖父母给了他足够的爱，使他成长为心智健全的成功人士。因此如果单亲父母能保持健康、快乐的心态，也同样可以让孩子充满阳光。双亲家庭是甜蜜的，单亲家庭也未尝不快乐。如果单亲是一种无奈，那么与其怨天尤人，不如转换心情，保持阳光的心态。作为家长，不能因为命运对自己不公便放弃对孩子的爱和教育，要做孩子成长风雨路上的阳光，要教给孩子坚强、独立。让孩子认识到——虽然爸爸妈妈因为某些原因不在一起了，但爸爸妈妈对他的爱没有变。

要对孩子爱而不娇。给孩子的爱要适当，不要因为总觉得孩子得不到完整的爱，因而心存内疚，于是在物质方面加倍地给予补偿。其结果会使孩子变得更脆弱更敏感，变得自私、专横和任性。不要硬性中断孩子与亲人之间的联系。无论离异的父母之间关系怎样，毕竟都是孩子的亲人，应该以宽容的心去鼓励孩子跟另一方联系，这样不仅可以消除孩子在父母离异以后的阴影，更重要的是可以使他们快乐健康地成长。

单亲教子可以适当请“外援”

兰姐姐

我们了解到，单亲家庭中的父母教育孩子有两种不正确的心态。一是把自己所有的情感和希望寄托在孩子身上，如果孩子没有教育好，就认为是自己的“罪过”；另一种是对孩子心存愧疚，希望自己做得更好，弥补孩子缺失的爱。有前一种心态的家长，可能会对孩子要求比较严格，对孩子期望很高，这样容易给孩子、给自己很大的压力。而有后一种心态的家长，可能会很宠爱、迁就孩子，这样容易让孩子变得任性。单亲家长心态首先要调整好，想要孩子健康成长，首先家长要有个乐观的心态。单亲父母不要太要强，既当爹又当娘。条件允许的话，可以给孩子请“外援”。这个“外援”可以是短期的，像给孩子找个艺术老师或体育教练，帮孩子发展文体爱好；也可以是长期的，家长的亲戚或者在某方面有专长的朋友都可以成为孩子的“外援”，共同教育孩子。

对单亲家庭而言，虽然孩子只跟父母中的某一方生活，但是，如果父亲和母亲之间的关系处理得好，孩子得到的双亲之爱依然是完整的。单亲不是孩子能选择的，也不是孩子的过错。单亲家庭的产生，作为当事人的父母，负有不可推卸的第一责任。家长们有选择结束婚姻的自由和权利，同时，也有教育、呵护好孩子的责任和义务。

来自星星的你，妈妈陪你长大

榜样家庭：儿子／马源　母亲／柳叙慧

一幅画面：苍穹如盖，繁星点点，偌大的地平线上，一个小小的背影，仰望着天空，要呐喊却发不出声音，偶有叹息，却无人能懂。他孤独无助，无所适从，只能和自己的内心对话。我们生活中有些孩子被贴了这样那样的标签：另类、孤独、有智力障碍、无助、不被理解和接纳。众多的标签说明了孩子的不一样，他们被称作是“星星的孩子”。我就有一个来自星星的孩子，而且我还是一个单身母亲。

提起教育孩子，相信每个为人父母者都有许多的感悟可以交流。无论是成功的经验还是失败的教训，对于倾听者来讲都会是一种帮助。而我的感受与一般人或有不同。但无论对哪类父母来说，我相信，你都可以从我的故事中得到一些启发和感悟，或许，由此你可以调整一下自己的思路和策略，从而自内心深处重新审视自己的教育方式，或者你将不再抱怨，不再苛求，不再以自己的理想为教育孩子的目的，你或将发现其实你有一个健康聪明、大方可爱的孩子，你需要做的，只是学会幸福地陪孩子长大而已！

这是我记录我的故事最大的初衷！多年以前，当我被命运推到了绝望的边缘，我用置之死地而后生的方式，从迷茫困惑、痛苦绝望、无助哀号中走了出来，从另外一个人手里接过了几乎被抛弃的孩子，大手拉着小手，一路摸索走来。

在家庭教育中，我有一个深深的感悟，那就是父母的心态至关重要，它直接影响着一个家庭的氛围。父母眼里看到的是悲伤，家里就是悲伤的重灾区，父母眼里看到的是幸福，家庭便是幸福所在地。父母的心里装着什么，生活就是什么；父母有什么样的心态，就会给孩子什么样的影响。孩子本就是千差万异的个体，每个孩子都有与他人不同的特质，可惜有些父母在教育自己孩子的时候，明明知道但却未必能尊重这一点，总是想把孩子变成自己理想中的孩子的样子。但，事情往往不尽如人意，于是就有了纠结、失望和痛苦。所以，最重要的是为人父母的我们需要让自己充满希望，充满正能量，把日子过得幸福阳光，才能更好地引导孩子前行。

像我的孩子，六七岁的时候还没有理解危险的概念，在马路上横冲直撞，对红绿灯、车根本没有概念。自闭症，一个至今无解的世界难题。既然我没法强求厄运退散，唯一能做的就是乐观地慢慢陪着他成长。在每次带他外出时，我总是一遍一遍跟他说“红灯停，绿灯行”，红灯时就紧紧抓住他，不让他动，嘴里不停地说着“红灯停”；灯绿了，就拉着他快速通过，嘴里不停嘟囔“绿灯行”。他的表情漠然，比画着自己的事情，沉浸在自己的世界里，丝毫没有理会我的话，但我依旧一遍又一遍地说，也不知道说了多少遍。

过了差不多一年，终于滴水石穿。有一天过马路，红灯亮了，但路上没有任何车辆，我直接往前走去，结果孩子原地不动并大喊：“妈妈，红灯，停！”我瞬间惊呆了，虽然七岁的孩子依然不能把三个词连成句子来表达意思，但这断续的呐喊对我来说有足够的冲击力。我回头冲过去，抱起那个瘦弱的小儿，激动地和他击掌，并狠狠地表扬了他：“你真棒！”说不清楚是甜还是咸的眼泪悄无声地流了一脸。一切付出都会有结果，只要我们不放弃、不悲观、不强求，并且有足够的耐心等待。

对很多孩子来说很简单的、教几遍就会的事，往往我要教儿子几百遍甚至几千遍。比如，为了教他大小长短的概念，无论何时何地，只要有机会，我都会随手拿起身边的东西给他演示：两个木棍，演示一长一短；两块石头，教他一大一小。我从来不去数做了多少遍演示，也不去期待结果，只是跟做游戏一样的，重复地做，不停地做，或者持续数月，或者持续半年，当他明白了，我就兴奋地再换另外一项，再不厌其烦地教……

然而，虽然做了很多准备，但枯燥和重复的日子还是会消磨人的意志，让人感到自卑、压抑、苦闷、悲伤、无助和绝望。有时无法化解，我也会在寂静的夜里蒙在被子中大哭一场。第二天早晨醒来，打开窗子，阳光洒在身上，给自己一个鼓励的微笑，继续前行。朋友们总说我坚强，其实我不是坚强，而是选择承担。有了责任必须承担，这无关坚强软弱。一粒草籽，长在雨露阳光里，自在幸福；如果被压在石头下，要么不活，要活就得冲出重重阻力，从缝隙中发芽。虽然歪着身子，但最终也能享受普照的阳光，笑对春风。或许，唯有如此，才是成长和生活的真正意义吧。

所以，我们作为父母，必须要有好心态，无论遭遇什么，都要把自己的日子过幸福了，这样才能引领孩子走向幸福的未来。只要我们把幸福先装进心里，悲伤就无处容身；不停地强化幸福满足，焦虑和悲伤就会淡化；时常把快乐放在心里，微笑挂在脸上，所见的一切都会变得温柔美丽。悟到了这点，生活便充满了色彩和阳光。我们所能做的不是规划和安排孩子如何按我们的意志去做事情，而是尽可能地让我们的孩子在阳光里长大。无论是翠鸟还是大鹏，他们都会拥有属于自己蓝天，享受自己别具特色的人生。

习近平主席说过，未来，是一群正知、正念、正能量的人的天下。每个人都有自己与众不同的人生，即便我们是他的父母，也无法代替他。孩子有自己需要承担的责任。我的感悟就是最好的教育不是让孩子按照父母的意愿来活，而是要把他培养成为自立自强、勇于承担责任、心理阳光的人，让孩子学会快乐阳光地生活比什么都重要。如果我们的家庭教育能真正做到这一点，就足够了。

我的孩子从小体弱，经常感冒，平衡能力不行，走路都经常摔倒，后来我周末经常带孩子去爬山。一开始孩子表现得像老人般颤颤巍巍，有一点小石头脚就不敢落地，挪动一步费半天劲，遇到点小坡就得手脚并用。别的孩子 10 分钟可以完成的山程我儿子可能半个小时也完成不了。

每次爬山我们都带个袋子，一边捡垃圾，一边爬山，既锻炼了身体，又让孩子体会了付出的乐趣。时间久了，每次见到垃圾，孩子就会主动地捡起来，更不会随便丢垃圾。

有的时候到海边玩耍，大人们在吹海风，而我的小儿早已不亦乐乎地在周围的草地上或沙滩上忙活起来了。他满头大汗，还兴奋地大喊着“这里有，这里有”，看到垃圾的时候，他的眼里放着光彩，惹得周围的很多人不停地夸他“真是个好孩子”。

我独一无二的宝贝，感谢他让我体验到了非同一般的人生。他简单纯真的快乐让我的内心也充满了幸福。我们的生活就这样在彼此的相互扶持鼓励的过程中一点一点积累着温暖……

在很多人眼里，像我们这样的家庭，日子会是悲伤、毫无未来和希望的，然而，我知道我做出了正确的选择。我努力给孩子阳光幸福。虽然他随班就读，成绩都是个位数；虽然他用四五年才学会说四个字、五个字的句子；虽然他怎么也记不住1+1=2的简单计算；虽然他时常被一些人当作傻子对待……但如今，他能帮我端饭、洗碗、擦桌子、拖地板；他能带着我写的纸条去超市买东西；他能自己穿衣、吃饭、去上学；他能快快乐乐地度过每一天。这些已经令我非常心满意足了，有什么能比他每一天过得快乐更重要呢？最大限度地尊重孩子个体的发展特性，让他们快乐地成长或许是最好的教育。

从孩子第一天上学起，他回到家，我打开门迎接他的第一句话就是问他：“今天过得开心吗？”孩子回答：“是啊。”出去玩，我同样会说：“大海真漂亮，对吗？”“天气真温暖，是吗？”这样久了他就会主动地描述：“妈妈，花儿真漂亮啊！”“妈妈，要开心！”在鼓励和欣赏中，我帮助孩子理解了开心、漂亮这些抽象的概念。

其实啊，人的这一生，要走什么路，这条路得怎么走，只有自己才能决定，即便有些人走的路相同，彼此的心理体验也绝对不会完全一致，每个人都需要为自己的人生负责。我们作为父母，只需要过好自己的生活。你乐观豁达，你的孩子一般不会自私小气。你时刻担忧着还没有发生的事情，自己不开心、不释放，紧缩着心，紧皱着眉，连自己的情绪都管理不到位，怎么有资格来管理和教育自己的孩子呢？

无论父母多么厉害，都无法掌控孩子的人生，所以在家庭教育中，父母不要替孩子做太多的决定。帮助孩子学会面对和处理自己的问题，最大限度地尊重孩子的个体发展，让他阳光幸福地生活成长，就是成功的家庭教育。

愿我们能幸福地陪我们的孩子长大！

兰姐姐家庭教育21条

当妈妈是世间最高最难的修行，比任何课程都艰深得多。当得了好妈妈，必然会成就更好的自己。做妈妈，是一场心胸和智慧的远行。握在手易，放开手难。孩子是独立的生命个体，不要用爱让他窒息，也不要期求回报，因为付出的过程就是最好的回报。

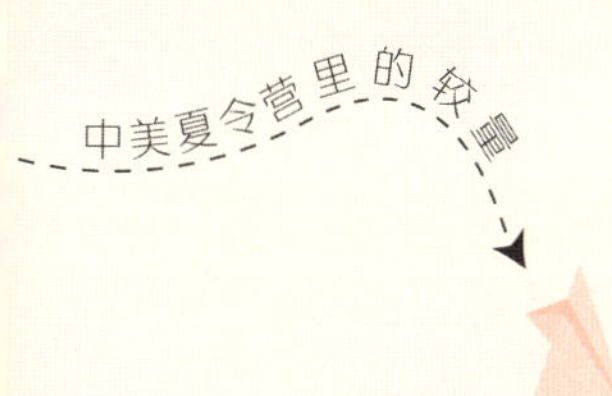

瞧瞧那些
别人家的孩子

愿此生你比我强大

中美夏令营里的较量

十几年前，一篇名为《中日夏令营里的较量》的报告文学让人震惊，在全国引发了一场巨大的教育反思，给80后一代留下了不少心理阴影，也因此，他们被称之为“垮掉的一代”。十几年后，作为特邀记者，我走进了位于美西圣地亚哥附近的福克斯户外学校，这里正在举行为期一周的中美夏令营。这个国际夏令营由15名来自山东的中国孩子和16名美国孩子组成，他们的年龄都在10—17岁之间。一场中美青少年之间的较量在加州炙热的阳光下火热展开。

体能较量：野外大练兵，不走寻常路

一大清早，营员们就被美国教练带到了深山中的一处峭壁前。目测峭壁高度相当于五层楼的高度。纯野外攀岩对许多中国孩子来说都还是第一次。有几个孩子在国内曾参加过室内的攀岩，但面对真的绝壁，还是感到不寒而栗。有孩子小声用中文说：“我们能不能不比攀岩，我们比赛做数学题，行吗？”

有两根绳索从悬崖壁的两边垂下，其中一边有一条自上而下的裂缝，更加陡峭，攀爬难度更大；另一边还有一些落脚点，看上去攀爬难度系数要低一些。教练请同学们自由选择攀登哪一边。有趣的现象发生了：无一例外，美国孩子都选择了难度大的一边，而中国孩子集体选择了难度小的一边。看得出美国孩子比较爱冒险，中国孩子安全意识更强。14 岁的青岛女孩史舒懿率先绑上安全绳索，看得出，她的腿在微微抖动，但她还是勇敢地迈出了第一步。在中英文夹杂的加油声中，她一步步登顶，然后再从空中“漫步”下来！美国男孩乔从难度系数更高的一边出发，可谓是“夹缝中求生存”，那玩的可真是心跳。

紧接着，戏剧性的一幕出现了：因为两边同步进行，难度大的美方最后空出了一个位置。“有需要过来试一试的吗？”美国教练鼓动这边的中国孩子。刚好这个“重任”轮到了日照男孩李欣泽。从他满脸的畏难情绪中看得出起初他是想拒绝的，但他最终还是接受了这个挑战。在期待的眼神中，他出发了！他最终成功登顶，并顺利降落。事后他说："这个难度比我刚刚参加的中考难度还大啊！"

攀岩的第二天，营员们又开启了野外行军的较量。这次野外行军在加州强烈的阳光的炙烤下进行，而且走的全是野路子，没有一级台阶。这支队伍前后用了将近三个小时才走完全程。这次，中国孩子全部坚持下来了，有两个体型胖硕的美国孩子却掉队了。中国兵团悉数登顶，完胜！置身青山白云间，孩子们以特殊的方式庆祝胜利——齐诵《观沧海》，合唱《欢乐颂》！

看书 vs 玩手机
中国孩子看手机，美国娃看书多

为了更好地交流、融合，夏令营把中外孩子混编在一起。他们一起吃饭，一起参加活动，住在同一间宿舍。而且夏令营还有一项特别的规定，那就是：没收学生的手机。在营地，任何人不准使用手机。对美国孩子来说，这个规定好像没有什么难以接受的。他们来的时候大多没有带手机，他们和父母之间的联络主要是通过美国老师和家长之间发电子邮件。而对中国孩子来说，这是一项让他们感觉很不舒服的规定。中国孩子人手一部手机，走到哪儿，他们最关心的是有没有 Wi-Fi。好在强行规定之后，中国的孩子虽然小有怨言，但还是忍了下来。

在孩子们朝夕相处之后，我们发现了中美孩子的不少不同之处。美国孩子比较自由、大方，他们不怕丢人，活动当中敢于大胆尝试。中国的孩子集体荣誉感比较强，很在乎输赢，比较怕丢人，所以活动当中总是先观望再行动。当然，这可能也和语言交流不是很顺畅有关。还有一点有趣的现象：我们发现中国的孩子看上去更讲究个人卫生，宿舍的东西也整理得比较有条理。他们不像美国孩子那样随便坐，拿起东西就吃。这可能和国内存在食品安全隐患有关，训练得孩子们自我警觉性比较高。

14 岁男孩顾宇轩还发现了美国孩子的另一个不同之处。他说，空余时间美国孩子大多都在宿舍里看书，而且他们大多有一只小手电，他们会在晚上熄灯后，避开老师，用小手电在被窝里偷偷看书。

有较量才能有进步，
中国孩子越来越有国际范儿

综合来说，夏令营里中国孩子们的表现还是令人欣喜，可圈可点的。他们的国际视野越来越开阔，参与感越来越强，和世界的趋同程度越来越高。中国孩子和美国孩子之间的共同语言也越来越多，他们聊喜爱的明星、喜欢看的电影、爱穿的运动品牌……有着许多共同的话题。他们营地的名字叫 fox，在营地里的一次篝火晚会上，中外营员们齐唱国外爆红的神曲 *The Fox*，场面极其欢腾。

有较量才能有进步！当然，论体质、身体协调能力和参与性，美国孩子明显比中国孩子有优势，这和国内的教育体制和教育观念有关系。过分崇尚智育和应试能力，这是中国教育的顽疾。增强生存能力的培养和自我成长的历练，才会让孩子和世界同步发展。

兰姐姐家庭教育 21 条

我发现不少家长用力过猛，在“一切为了孩子”的妄论中犯了家庭教育最大的错误，那就是：忘我。忘记了自己是一个独立的生命个体，也忘记了孩子是一个独立的生命个体。今年获得奥斯卡最佳动画短片奖的《包宝宝》细腻地诠释了中国式家教的普适痛点：因为爱你，所以用爱把你吞噬。

清华保送生：优秀是可以复制的

他们是兰姐姐曾经采访过的青岛二中的清华保送生。这一章节中，我们的着眼点不在这些佼佼者取得的优异成绩上，我们更想探究的，也是父母们迫切关心的问题：这些孩子的家庭教育是怎样呢？什么样的家教更有利于孩子的成长、成功？

父母鼓励我，拿下“主办权”

出场人物：伏虎（清华大学保送生，荣获“世界百名学生领袖”）

就读于清华大学自动化系的伏虎是个文质彬彬的大男孩，他在二中学生心目中可是个“神话”：全国奥林匹克生物竞赛冠军、世界百名学生领袖……

伏虎说：“我的父母都是普普通通的工人，他们没有高深的教育理念，对我从来不苛求。我们家很民主，什么事都商量着来——从我很小的时候就这样。哪怕某件事我做得很不对，父母也不会呵斥，总是耐心地给我讲道理，直到我自己明白为止。”

和别的父母不一样，他们总是鼓励我参加学校组织的各项活动。现在想起来，这对我的成长非常有利。上高中的时候，有一次，学校组织学生以班级为单位竞标学校文艺晚会的主办权。当时身为班长的我带领同学们制作了详细而有创意的标书，一举拿下了主办权。这次成功主办的经历产生了奇妙的连锁效应。上大一的时候，学校要组织钢琴家郎朗的大型音乐会，虽然这次活动的档次更高、规模更大，但因为有了二中的经验，我又参与了竞争。当时参与竞标的机构众多，几经努力，结果主办权又被我成功拿下。为此，我还接受了好多国内外媒体的采访，一时在清华名声大噪。

五六岁第一次玩“单飞”

出场人物：张羽中（清华大学保送生）

张羽中是个帅气的阳光男孩，他说：“自由和冒险的精神对我的成长影响深远。印象深的有这么两件事：还没上学时，我就喜欢去海边玩，可是我们家住得离海边很远。我很想去玩，就跟妈妈说了。没想到妈妈竟然同意我一个人坐车去！这在许多家长看来是不可思议的，多危险啊！妈妈给我规定好时间，我就上路了。坐了好长时间的车，我自己一个人到达了海边。当时的兴奋真是无法言传。我第一次尝到了独立的美妙滋味。”

“上小学时，爸爸在长沙工作。到了假期，妈妈就让我一个人坐飞机去找爸爸。由于妈妈的放手，让我有了这些带有冒险色彩的经历，也使我变得自主而自信。上高中之后，高一，我力求全面发展，努力学习，参加社团，加入学生会；高二，我把更多的精力用在竞赛上；高三保送清华后，我继续帮助学校建网站、做义工，还到企业为学生会的活动拉赞助……”

妈妈是我成长的“幕后推手”

出场人物：王晓丹
（清华大学保送生）

王晓丹在清华大学念的是国际关系专业，她不仅学习上出类拔萃，也经常参加清华大学的各项活动。说起母校青岛二中和家庭对自己的影响，她连连说真的影响很大。王晓丹说，有自主精神的孩子才能有后劲。有了自主精神，学什么、学到什么程度都可以自我把握，不需要别人的督促。当一切习惯成了自动化，成了自我发展的需要，成绩的提高也就是自然而然的事了。

王晓丹说：“我小时候其实很内向，也不爱多说话，在学校举办活动中也不愿意出头。妈妈当时逼着我参加了小记者团。一开始遇到采访活动，别的小朋友都冲到了前面，只有我躲在远处偷偷地看。记得当时妈妈是硬推着我到前面的。妈妈说，不采访也无所谓，只要打个招呼就行了。这一推真的改变了我，渐渐地，我变得大胆自信了。每次遇到难事的时候，我都感觉有妈妈鼓励的手在后面推着。

兰姐姐采访手记：独立自主的孩子离成功更近

坐在我面前的这三位清华才俊一点也不张扬，谦逊而朴实。他们不是所谓的书呆子，他们身上闪烁着自主的光芒和魅力，他们有好多“同类项”：比如都是从没上过辅导班，都极热爱公益活动，等等。他们父母的家教方式也令人耳目一新。他们的父母更多地让孩子做主，把孩子推到前台，让孩子尽早独立。生活中，好多家长只盯着孩子的成绩，这样做常常适得其反，我们有理由相信，有独立自主精神的孩子离成功更近。

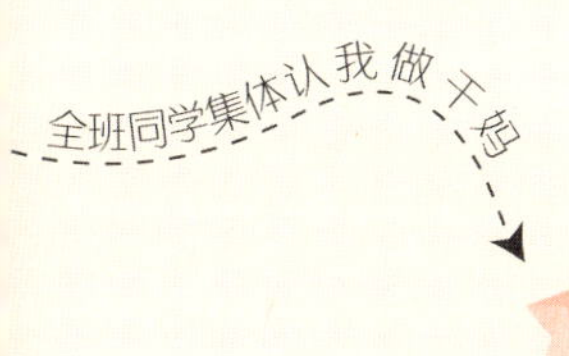

看看那些别人家的父母

愿此生你比我强大

先改变自己，再影响孩子

先改变自己，再影响孩子

这是我采访过的几位优秀家长，现在也成了兰姐姐的好朋友。他们的故事既生动鲜活，又有极强的参考价值。在我心目中，他们都是民间教育家。今天我请他们当讲述者，来讲讲自己的家教故事。

全班同学集体认我做干妈

榜样家庭：儿子 / 宋艺　母亲 / 吕洁

自从儿子艺子出生，我就不断地告诫自己，我虽然是他的妈妈，但我更应该做他的朋友。遇到事情，我总是设身处地站在儿子的角度为他多考虑一些，而不是用母亲的威严去要求他。我和儿子关系很融洽，他在闲暇之余也特别愿意和我分享他和伙伴们之间的点点滴滴。

在他上初中的时候，他们班同学集体认我做了干妈。记得那是一个周五的晚上，他的好朋友在班级群里呼叫他，我一时兴起在群里回复到："艺子妈妈代艺子回答，艺子去语言学校了，九点回家。Over（讲完了）！"没想到，群里潜水的、在线的许多同学接连发言："艺子妈妈好幽默啊！""阿姨还给艺子买了一年的 QQ 会员呢！"一时间，群里好不热闹。一个孩子说："阿姨，您真开明。要是我爸我妈像您那样就好了！"另一个孩子说："阿姨，能告诉我们您的 QQ 号和手机号码吗？"我把自己的 QQ 号和电话号码发到了群里。

我开始和艺子的同学聊天。孩子们提出的问题，无论是关于玩游戏，还是关于早恋，我都一一作答。这时一个同学提议："阿姨，您很理解我们。我们集体认您当干妈吧。"这些在线的孩子陆陆续续把自己的 QQ 签名改成："我们爱干妈""我是干妈的大女儿""干妈我爱你"……而群公告也改成了："我们爱干妈！"甚至有的孩子 QQ 签名也写成："回头告诉自己的爹和娘，要向干妈学习！"

虽然那是一件十分偶然的事，但孩子们集体认我做干妈的那一刻，我的内心就再也平静不下来了。其实每一个孩子的内心都非常纯洁。只要我们当家长的放低身段，耐心聆听，就可以走进他们的内心世界。

说到这里，你们不要认为我是那种对孩子"放羊"的家长，什么都听孩子的意见。其实，我对孩子的要求非常严格，什么时间该干什么事儿我们娘俩都有约定。说好了他就会照着去做。直到今天，我们家几乎不看电视。

现在的儿子已经走出国门。回首和他一起成长的点点滴滴，陪伴和倾听是我所能为他做到的。其实每一个孩子都是善良而优秀的个体。作为家长，理解和尊重才能让孩子接纳和信任。多一些倾听，少一些命令，俯下身后你就会发现，孩子的世界同样美好和精彩。

兰姐姐家庭教育21条

作为父母，情绪的平和对孩子的帮助非常大，好的关系胜过万千说教。我们平时在工作中很注重搞好和领导、同事、客户的关系，却很少静下心来，想想如何搞好亲子关系。亲子关系研究也是一门需要付出时间和精力的大学问。如果孩子愿意说，别辨别对错，只需闭住嘴巴开放耳朵去听；如果孩子不愿意说，做家长的需要做的是创造让他说的机会，而不是自己去说。听是有效沟通的必要条件。

我们家的快乐男孩

榜样家庭：儿子/林子豪 林圣然 林意然　母亲/张晓宁

我是三个孩子的妈妈，而且我的三个孩子都是男孩，所以我就像每天住在男生宿舍一样。我并没有违反国家计划生育政策，我二胎生的是双胞胎。作为三个孩子的妈妈，我压力很大，很多时候我感到措手不及。现在两个小的也快三岁了，在陪同孩子一路成长的同时，我自己也获得了成长。

生了双胞胎以后，很多人都会问老大："你喜不喜欢弟弟们？爸爸妈妈是不是更亲他们？"其实，在我怀孕的时候，老大也从来没觉得自己的家庭地位受到动摇；生了弟弟，他也从来没有觉得妈妈爸爸对他的关爱有任何减少。反而随着弟弟的成长，他越来越有哥哥的样子，变得更有担当。这个月，我和孩子爸爸做了一个大胆的尝试，我们两人带着三个孩子去日本旅行。出门以前，我跟老大谈话，我说你现在也8岁了，有些言谈举止都会影响到弟弟，也算得上是半个家长了，所以我希望这次出行，你能够有个大哥样儿，在爸爸妈妈忙不过来的时候尽量能搭把手。他爽快地答应了。在一些亲子旅行的真人秀节目里，爸爸通常做挑夫：背包、推箱子。而在我们这次旅行中，我觉得老大更像是担任了这个角色。他推童车的时间不比我和他爸少。我们领着弟弟的时候，就把手里的拎包全让他提着。有时出去玩了一天，回到酒店我和他爸都有些累，这时老大还带着弟弟玩，帮我们带孩子。在我们家，由于有了那个“小家长”的帮忙，我们并没有想象的那么辛苦。有了这些经历，老大的家庭责任感增强，而我也为他感到自豪。

我是一名 80 后，即便生了双胞胎也一直没有停下工作，是一名职场女性。家里的各种辛苦自不必多提，为了能够与时俱进，我也从来没有放弃继续学习的机会。家长是孩子的第一位老师，我们的一举一动对孩子的成长都起着潜移默化的作用。与其一直在他们耳边喋喋不休，不如给孩子做好榜样。所以，老大两岁的时候，我考取 MBA，并且完成了所有的学业。有的人说家庭与事业不能兼顾，我不认同。比起半夜起来陪孩子玩两三个小时，工作上还有什么事更不能容忍吗？比起每小时都要起夜喂奶，工作上还有什么不能坚持的吗？养育孩子的经验让我自己在工作中变得更有责任心，更加宽容。正所谓，父母好好学习，孩子天天向上。

送你一颗“安的种子”

榜样家庭：女儿／姜紫凝　父亲／姜雪峰　母亲／管霞

同事推荐了一本看起来不甚起眼的书——《安的种子》。本来，我是不屑看绘本的，而读完这本薄薄的《安的种子》，我的心却久久不能平静。它颇有深意，颇有禅意。这是一本儿童绘本，然而我却感觉它是写给大人的，写给当代中国家长的。

故事很简单。冬天，寺院的老师父分给三个小和尚本、静、安每人一颗古老的莲花种子，并对他们说：“这是几千年前的莲花种子，非常珍贵，你们去把它种出来吧。”

“拿到种子后，我要第一个种出来！”本想。

“怎样才能种出来呢？”静想。

“我有一颗种子了。”安想。

那是一个凛冽的冬天。本，第一个把种子种下去了。静忙着查资料，为种子准备最珍贵的花盆。可想而知，本的种子没有生长；静的种子发芽了，但是“夭折”了。在同伴已经起跑的时候，安每天安静地做着该做的事情：打扫，煮斋饭，去集市买东西……

春天来了。在池塘的一角，安将放了一冬的种子种下去。不久，种子发芽了。在温暖的阳光下，古老的千年莲花静静地盛开了。

本、静与安的种子也是我们自己的种子啊。假若孩子的生命就是那颗珍贵的种子，它已经紧握在我们家长的手中，就看我们有没有足够的智慧和耐心培育它发芽开花，带来人生的喜悦与丰饶了。

只不过，太多的时候，我们都太像静和本了：“我要第一个种出来”“怎样才能种出来呢？”家长们思考的都是如何不让孩子输在起跑线上，教育孩子做什么事就要做到最好，怎样在竞争中取胜，怎样可以多背几个单词，怎样可以从小全面发展……在家长忙着给孩子报各种班，忙着打听哪所学校师资力量好，忙着买学区房，忙着“教育”孩子的时候，恰恰忽略了生命的本质和规律。

记得孩子上学前，有一次我陪孩子上钢琴课，琴行老师和孩子们一起聊天，让小朋友们讲故事。很多孩子只能够说出几句话，然而令我大吃一惊的是，我家孩子平日不言不语的，却能完整地复述出《豌豆公主》《拇指姑娘》的大部分内容。有个妈妈看到自己孩子和我的孩子的差距，很担心孩子上小学不适应，着急地问我该怎么办。我说：“就是每天陪她读书啦！”那个妈妈回答说：“孩子读不下去，每次看完书他都无法复述，我急啊！”

是啊，急啊。我也一样。只不过我们着急的地方不同罢了。在“别人家的孩子”同时学七八种特长的时候，因为自己孩子没有特长着急；在老师频频表扬“别人家孩子”的时候，因为在一次次长长的短信中没有发现自家孩子的名字而着急；在孩子没有按照自己的要求，在规定的时间完成相应的作业的时候着急……各种上火、催促、鞭策，恨不得替他完成……

这不就是书里的本和静吗？

在同伴忙着开始种莲花，忙着查阅各种书籍，忙着抢先把莲花种下的时候，安只是每天静静地做该做的事情，等着春天种下种子，等着夏天莲花静静地盛开。看起来，安对于种莲花的目标没做什么努力。大家总认为学点什么总比什么都不会要强；大家都认为，为了孩子一定要“做点什么”。然而，只有安，他是在等待一个时机。

他在等待春天到来。他只不过是顺应了自然的规律。每一天接送孩子，给孩子讲故事，陪伴孩子下楼滑冰、散步，每一个亲吻、拥抱，似乎看不到什么效果。然而，大自然的规律就是这样，那个被陪伴过，充分地玩耍过的孩子，时候到了，自然会绽放的。

作为父母，你是否相信孩子的生命比千年莲花的种子还要珍贵？

你是否愿意为了它的绽放而安静地等待？

陪伴儿女成长，顺应孩子天性，是父母的修行。

2015 年高考语文作文题，选自林清玄的《无风絮自飞》。

乡间有谚语，“丝瓜藤，肉豆须，分不清。”意思是丝瓜的藤蔓与肉豆的藤须一旦纠缠在一起，是很难分开的。有个小孩想分辨两者的不同，结果把自家庭院里丝瓜、肉豆的那些纠结错综的茎叶都扯断了。父亲看了好笑，就说：“种它们是挑来吃的，不是用来分辨的呀！你只要照顾它们长大，摘下瓜和豆来吃就好了。”

看到这个作文题，我庆幸自己看过《安的种子》。是啊，何必纠缠于错落的茎叶呢，静静地照顾它们就够了。

现在我的女儿已经10岁了。从牙牙学语起，我每天为她读书，陪她读书，享受每一天的幸福的亲子读书时光。就算是偶尔出差在外，我们也打电话约好时间同时读书，共同分享读书的快乐。现在，她已经有了上千册的读书量，不时有文章在报纸上发表，还在晨会为学校同学推荐读书，成了级部里有名的小“书虫”。

我们从不强迫她学什么特长。舞蹈、钢琴都是她钟爱的，不是为了考级，而是为了陶冶情操。我最欢喜的，是看她嘴里唱着谱子，手指在钢琴黑白键上纷飞翩舞……

女儿有些胖，我希望她能锻炼一下身体。她自己制订计划，每周骑自行车。在操场上，她一面抹着汗珠，一面扮鬼脸：“妈妈，胖嘟嘟的是不是也很可爱？”我粲然一笑，望着自行车上圆鼓鼓的身躯，我为女儿这份坦然的自信而欣慰不已。

林清玄说过这样一段话：“在人的一生里，每一个人都有其独特非凡的素质，有的香盛，有的色浓，很少很少能兼具美丽而芳香的。因此我们不必欣羡别人某些天生的素质，而要发现自我独特的风格。”是啊，每一个孩子都是特立独行的唯一的“那一个”，我们怎么能要求他们像机器人一样一致呢？

我们得到过“千年莲花的种子”，然后，我们日夜都在马不停蹄地追逐，希望得到多一些“珍贵”的东西呢。静下心来想一想：我们有多久没去散散步了？有多久没有抬头看看月朗星稀的天空了？在浮华和喧嚣中，我们有多久没有停下来听听天籁之音了？匆匆忙碌着的人们，且看安的那份平和的心境，宛如一潭清澈平静的湖水，多么难得！种出璀璨的莲花是一场极致的盛事。等待是一种修行，也是一种教养。享受生活的过程，享受那些平凡的琐事，享受每一个安然的等待，何尝不是好的家教？

父母也曾经是孩子，孩子终究会成长为父母。享受每一个安然的等待，何尝不是生命的智慧？

在某个盛夏的清晨，祝愿你也看到千年莲花的盛开。

兰姐姐家庭教育 21 条

用鼓励的方式培养孩子的自信固然是一种方式，但过度的赏识教育会让孩子的成长过于“甜腻”，缺少了硬气和责任。真正好的教育从来不是单一的，更多的是各种方式的协调和融合。我们在提倡表扬、奖励、赏识的同时，也不应该忽视“惩罚”在教育中的积极作用。若你不能使一个五岁的孩子把玩具从地上拾起来，你就不可能在孩子步入青春期——这个一生中反抗最激烈的时期时施行任何有成效的约束。

别人家的孩子，背后站着怎样的家长

任何一个优秀成长的孩子，都不是横空出世的偶然，而是有迹可寻，有径可达的必然。它的因，在家庭。它的根，在父母。2019年中考过后，围绕着家庭教育话题，兰姐姐在青岛超银学校对学霸做了一次抽样调查，这些学霸中考成绩的总分都超过了745分，是众多家长眼里“别人家的孩子”。我们一起解读一下，“别人家的孩子”是如何炼成的？“别人家的父母”背后又有哪些“神操作”？

父母最好的影响？原来如此！

在学霸小 A 眼里，父母对他最好的影响就是教他遇到困难时不要着急，应该透过问题的现象看到本质，想办法解决问题。“记得我刚进入初中时，不太适应初中生活。连续两次成绩不太理想。我当时很着急，但我的父母告诉我着急是没用的。他们每天晚上陪我分析题型，归纳方法，不久成绩就有了显著提升。这也为我之后的学习提供了方向：遇到不明白的题不随便放弃，静下心来仔细研究。”

“父母对我最好的影响就是培养我提高自己的学习效率！”学霸小 B 是这样表述的，“我的父母对我说的最多的话就是：高效率地学习一小时，比漫不经心地学习两小时甚至三小时所得到的学习效果更好。因此，我也努力地提高自己的学习效率，学习时心无旁骛，要学习的时候就认真学习，要玩的时候就好好玩。”

“如果一个孩子生活在一个充满仁慈、爱心和责任感的家庭，他日后会成为健康、正直、乐观向上、有所作为的人。如果一个孩子生活在一个愚昧、野蛮、自私自利的家庭，日后他可能成为一个粗鲁的、毫无教养的甚至危害社会的人。我的父母都是积极向上的人！”谈起父母对自己的影响，学霸小 C 满怀骄傲：“我的爸爸经常出差，虽然我们日常见面次数很少，但是每次爸爸出差回来总会给我讲他自己工作生活中的一些有意思的事。爸爸有时候为了说服客户，经常要加班加点地做方案，一遍遍地改，但他从来没有抱怨。正是受爸爸这种精神的影响，我在面对自己一模失利时，迅速分析了成绩，重新制订了复习计划，调整心态，终于在二模和中考中取得了理想的成绩。

学霸小 D 谈及父母对自己最好的影响时，是这样说的：“我的父亲是一名足球教练。他说好的身体是学习最好的保障。每次写作业我的眼睛离桌面太近时，他都会提醒我，告诫我要保持‘一尺一寸一拳头’。我的视力现在都是非常好的。我很感谢爸爸对我的教导和关怀。我的初中三年并不是一帆风顺的，也有跌倒失败的时候，可是我父母总是告诉我再成功也要低调，再不堪也要微笑。他们会细致地和我一起分析问题所在，鼓舞我，让我继续前行。如果人的一生必要走一些弯路的话，我宁愿这个弯路来得早一些。为什么呢？因为我们的人生其实是需要在弯路中学习的，弯路告诉我们的道理比直路告诉我们的东西多得多。”

由被动学习到主动学习是怎样实现的?

学霸小 D 的经验之谈是:“从小父母就注重培养我的兴趣。记得我小时候喜欢数字,当时我家住在五楼,妈妈为了教我,常常一边爬楼,一边和我一起数数。等到上幼儿园时,我已经能熟练地数到 200 了。后来妈妈为了培养我的计算能力,总是和我一起做口算题,看谁做得又快又准。直到妈妈实在赶不上我的速度了,这个游戏才结束。可是做题的这个习惯我却一直保留到小学毕业。正是由于在小学打下了良好的基础,进入初中后数学一直是我的优势科目,每次数学考试我都能取得让别的同学羡慕的成绩。”

家长是孩子的第一任教师甚至是孩子的终身教师,应做到身体力行。学霸小 B 分享了他的成长经历。“在我家,妈妈是总管,家里很多事都是她操持。她是个雷厉风行的人,能不麻烦别人的事尽量自己做。她对我的要求也是这样。从上小学一年级起,上学的所有东西都由我自己收拾,归置。正因为这样,我成了一个做事有条理的人。这种性格也影响了我的学习,针对每一学科我都会准备一个课堂笔记本,一个错题本,总是一边学新知识,一边整理错题,保证每一章节不留漏洞。同时也培养了自己独立自主的学习习惯。”

“今年四月份各个高中自主招生的时候，我参加了青岛二中的自主招生。我本来是信心满满地参加自主招生的，但笔试分数距离录取分数线差了一分，没有通过！”学霸小A说，“这应该是我初中三年中经历的最大挫折。出成绩当天，我的父母把我叫到客厅，没多说安慰的话，而是和我一起看了一部非常励志的电影。从电影中，我明白一帆风顺的人生不是完整的人生，从而解开了心中的心结。后来我在一模中也取得了不错的成绩。我在平时比较喜欢归纳式的学习，对已经学过的知识进行异同点的整理。在周末的时候喜欢定时定量研究某一科目。初二的时候我用了几个周末的时间归纳地理学科中各大洲的每个小知识点，整理关于各个国家地理知识的简答题，写满了一个笔记本。”

“别人家的孩子”给考生家长的建议

回首初中三年，学霸们表示，除了感谢老师，感谢自己，最应该感谢的是父母。每个优秀孩子背后都有一位或者一对默默付出的家长。现实生活中，也有一些家长说是说，做是做，言行不一，一边要求孩子学会尊重，学会关心，自己却恶语相向，怨气冲天；一边要求孩子努力学习，不断进步，自己却安于现状，不思进取。因此，家长应通过学习，了解青少年心理发展特点和教育规律，与孩子建立平等、和谐、民主的家庭关系，努力与孩子一起成长。

请家有考生的父母不要在家里营造考试的紧张气氛，尽量避免给孩子造成不必要的压力，创造自然、宽松、平静的学习环境。考前这段时期，父母不要在孩子面前争吵，以免影响孩子的应试情绪。孩子学习累了或心里有困惑，需要向父母倾述，父母就要当好聆听者，给予孩子理解和支持。父母要相信孩子有一定的解决问题能力，没有必要事事过问，要相信孩子已按学校老师的要求，完成了各项学习任务。适当地让孩子约同学出去玩一会儿，让大脑休息一下也可以提高孩子的学习效率。如果父母事事过问，会引起孩子的反感，加重他们的心理负担。

父母一定要为孩子做好榜样，父母的言行举止会潜移默化地影响孩子的心态与行为。如果父母教育孩子很有耐心，那么孩子也会很有耐心，就会更加耐心地学习，甚至会更加善于钻研问题。

划重点
真正的教育，其实就是拼爹妈！

这些优秀的学子不仅仅成绩漂亮，更是全面发展的优秀样板。我们总在羡慕别人家的孩子，何不反思一下自己能不能成为别人家的父母？

优秀是可以复制的！那些优秀成长的孩子背后，大多都有一位优秀的、擅于引导教育孩子的父母。在孩子小时候，他们就已经有意识地重视培养孩子良好的学习习惯、个性和人格；想方设法地为孩子营造良好的学习环境。平和、稳定、温暖的家庭环境对孩子来说就是最好的家教。

家庭教育再难，也难不了一个在行动中不断学习、勇于改变、自我成长的人！教育的本质就是一棵树摇动另一棵树，一朵云推动另一朵云，一个灵魂召唤另一个灵魂。它没有声响，它只是让走在前面的人，做好自己的事，走好自己的路，然后，任由改变自然发生。

真正的教育，其实就是拼爹妈。不要产生歧义，教育格局下的拼爹妈，不是官二代、富二代的拼爹妈，而是比拼父母的教育理念，所创造的和谐环境以及思维方式、处世方式等。

兰姐姐随笔

人和人之间最好的相处模式：彼此尊重，不索取，不强求。付出有节，亲密有度。保有自己完整的内核，自行运转。两者相得益彰、交相辉映。这种模式放之男女之间、朋友之间，甚至父母和孩子之间皆适用。

大多数父母容易犯的错，是把自己想到但做不到的事强加到孩子身上，以为说到了，孩子就应该做到。而在孩子做事过程中，不参与不督导，让孩子在拧巴中变得凌乱叛逆，一步步摆开阵势，站到了父母的对立面。

孩子的成长，就像一场直播，每天都有新的剧情，错过了，也没有看重播的机会。

培养一个有梦想、有能耐、有教养的“三有”孩子是我们的教育愿景。教出一个有教养的孩子，是父母最高境界的炫富！当父母是一场艰难的修行，我们要比的是孩子一生的幸福！

《小王子》里有这样一句话：“你要好好长大，不要成为无趣的大人。”每当我看到这句话，内心总是无法平静。成长是步履不停，童真是一个人活到老后最大的奖杯。

推荐一部喜爱的电影：《与外婆同行》。在家庭中，每一个人都不完美，每个人也因此真实。在一个家庭中，他们都很孤独，分头与自己的困境搏斗，与自己的天性奋战。然而某一个时刻，他们突然发觉，在内心深处他们彼此相连。那份沉重狰狞却也无须证明的东西，叫作亲缘。我喜欢这电影的疼痛、不堪、结实、深刻。

《10件或更少》（*10 items or less*）是摩根·弗里曼大叔的小电影，适合阴冷天气里给心灵供供暖。说出10件你最喜欢+最讨厌的事，相信每个人都应该有不一样的答案。找到自我，勇敢出发，好电影都有个strong ending（强大的结局）。

窝居看《少年时代》，一部用12年拍成的电影。电影讲述一个男孩从6岁长到18岁的过程，类纪录片，不煽情，不跌宕，满屏的真实细节。无论身在何处，哪怕是在美国，真实的日子也不容易。大剂量的痛，小剂量的喜，就这么悲喜交加地翻滚着。成长从来不是甜蜜的。

所有的美好都相见恨晚。井有井的深邃，海有海的辽阔。所以如果选了井，就别抱怨井小；选了海，就别抱怨鱼多。欢喜中持一份凝重，悲哀时留一线希望。

心情不被情绪占满，就会看到辽阔的人生。人有时需要内心单纯得像个孩子，但有时也要强大成混凝土。只有坚强的人，才能够和逝去的幸福握手言欢。

每天都站成一条线，前面是小，后面是老，前面的不找事，后面的不出事，力所能及干点事，即是安稳好日子。所以，只要身不痛，心不疼，就得过且过放过吧。

心喜生欢。《菜根谭》有云：“疾风怒雨，禽鸟戚戚；霁日光风，草木欣欣。可见天地不可一日无和气，人心不可一日无喜神。”

如果独处时感到寂寞，这说明你还没有和自己成为好友。老在人堆里，思想容易跑偏，缺少自我思考的空间。我们还是需要适时孤独的，乐享孤独的人，不容易丢了自己。没了自我，才是真空虚。

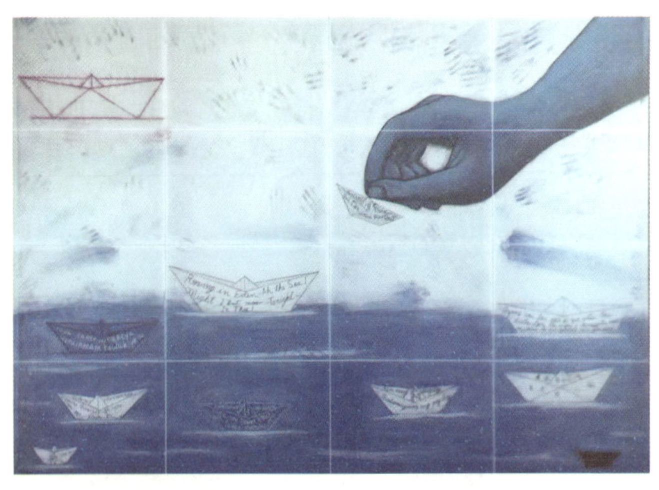

节日的真正作用在于：给生活按下暂停键，对纷乱的生活稍加整顿，对困扰的心绪给予适时整理。清明节在缅怀追思的同时，更深远的主旨在于让我们清楚、明白地活好当下的人生。越清明越珍惜。并不都是来日方长，以后再说不如马上就做。

你可以拥有一切，但不能同时拥有。你想说你想说的，就不得不听你不想听的。

万物皆变，无一永恒。变是为了保持不变。玄心，洞见，妙赏，深情。每个人都是一颗时空胶囊。

在执念中自缚的女人其实不少，到了不惑的年纪反而惑了。先前生动简单地活着，一个急刹车就容易变了道。最幽深的中国深层文化里，给中年女性留的通达罗马的大道不多，当下即礼物，眼前是舞台，是时候了，该自己做主角了。

每天都是一场“经过”，经历，让它过去。白天黑夜的交替，就是生与死的演习。我们的生活看上去不一定美观，但可以确认的是，这个世界深藏取之不尽的美好。一叶悦目，一花赏心。生而为人，首先要对自己的快乐负责。

生活最好的状态就是安安静静地风风火火。把快乐扩成免提，把悲伤调成静音。我对那些在工作和生活的美学上，始终保持着某种坚忍、倔强，相信美好的事情即将发生的女人，怀有特别的敬意。

后记

良好的家教是真正的不动产

“爱，是这个世上最高的信仰，最真的奇迹，最好的家教。”小时候，电视上的“鞠萍姐姐”陪伴我们度过懵懂的孩提时代，在青岛，也有一位“兰姐姐”同样陪伴着不少孩子走过青葱年少。30 年的教育工作经历，让“兰姐姐”——兰君成为一名资深教育专家。期望兰姐姐能教会更多父母真正爱孩子、懂孩子，给孩子以真正的家庭教育。

“兰姐姐”品牌享誉岛城

“兰姐姐”的笔名叫兰君，曾是青岛晚报的一名记者，也是资深教育主编，青少年成长专家。大学毕业后的兰君成为青岛 17 中的一名语文老师。10 年的教学生涯并没有消磨掉她内心对于记者这份职业的渴望，后来她考入青岛晚报，成为一名教育记者。

常看《青岛晚报》的读者一定都记得教育版上有两个专栏，一个叫作“兰姐姐热线”，一个叫作“教育三人行”，这都是“兰姐姐”的品牌专栏。“从创建‘兰姐姐热线’专栏开始，20 多年来，每年我都会接听近千个来自学生和家长的咨询电话，然后我就会针对家长和学生提出的问题去采访相关专家，或发表一些自己的观点，帮助他们答疑解惑。”兰君说，“每当遇到重要的教育话题时，我就会邀请一名教育专家、一名心理专家，我们三个人共同围绕相关话题进行探讨交流，将我们的观点发表在‘教育三人行’专栏上。”当初，兰君这两个专栏一经推出，便受到了不少岛城学生和家长的关注和认可。如今经过 20 年的发展，“兰姐姐”早已成为了岛城本土口口相传的教育品牌。

良好的家教是真正的传家宝

10 年的教师经验，20 年的教育记者、编辑经验，再加上母亲的身份，在兰君看来，自己在家庭教育方面形成了一个真正的闭环。“可以说，我从步入工作岗位一直都在做家庭教育，一直做到现在。”老师、教育记者的身份让兰君对学生和家长有着充分的了解，加上采访过不少国内外的教育专家、心理专家，撰写过大量教育文章，30 年的工作经历让兰君积累了海量教育方面的宝贵素材，也倾听过来自各个年龄段孩子和家长们的心声。

“以前在晚报做记者时，我经常带领小记者团去学校里参加各种各样的校园活动，或者给学生们进行作文讲座。活动结束后，总是有不少学生向我表示：‘兰姐姐，你应该给我们的爸爸妈妈们上一堂课，跟他们讲一讲这些道理。’”兰君告诉记者，在倾听了这些孩子的心声后，自己越发体会出家长在家庭教育中的重要性。

“现在的父母为了让孩子享受好的教育，不惜花重金买学区房，给孩子报辅导班，但是在我看来，这些都不是最重要的。”在兰君看来，良好的家教才是真正的不动产，是每一个家庭中最有价值的传家宝。她告诉记者，随着生活质量的逐步提高，物质生活优越的孩子慢慢已经不再是大家羡慕的对象。如今，大家羡慕的是那些优秀的原生家庭培养出来的，身上带着自信、温暖光芒的孩子。“给予孩子良好的家教、家风，是普通家庭的父母都能够做到的。”

30 年经验浓缩成“21 条”

正是看到了原生家庭的重要性，发觉从原生家庭出发做好爱的教育才是教育的根本，兰君将自己从多年教学、采访以及自身体悟中提炼出来的精华汇集成了“兰姐姐家庭教育 21 条”。“21 条”从母爱的不易，父母教育中易犯的错误，男孩女孩不同的教育方法等方面，从家庭教育的各个层面进行剖析，对家长的育儿提供指导。兰君表示，自己把过往稿件中的一些精华内容压缩到简短的话语中，让家长读起来也更加省时省力，便于家长在快节奏的生活和工作中抽出闲暇时间去学习家庭教育。“这‘21 条’可以方便家长们利用碎片时间进行学习，只要每天抽出时间来读一条，把这一条的内容真正弄明白，揣摩透了，就足够了。”

在兰君看来，父母也应该主动学习去做一名优秀的家长，不是只有孩子好好学习就可以了，家长的言传身教对于孩子的影响至关重要。“我的这些体悟，大部分都是从孩子、家长身上得到的经验，所以我的心里也有一种使命感，愿意在家庭教育方面多做一些努力，去奉献自己的力量。”

兰君表示未来自己还会继续从事家庭教育方面的工作，每周还会在专栏上发表家庭教育相关文章，也会定时向许多媒体供稿，之前也曾撰写了《父母好好学习孩子天天向上》《优秀母亲教子锦囊》等教育书籍。本书是一本全息化的家庭教育指导用书，希望可以让每一个家长都认识到家庭教育的重要性，促进孩子和父母共同成长。

青岛早报记者　刘文超